KAY P. RODEGRA

# MEIN RECHT BEI KREUZFAHRTEN

## INKLUSIVE WÜRZBURGER TABELLE

KOEHLERS VERLAGSGESELLSCHAFT · HAMBURG

Ein Gesamtverzeichnis der lieferbaren Titel schicken wir Ihnen gerne zu. Bitte senden Sie eine E-Mail mit Ihrer Adresse an: vertrieb@koehler-books.de

Sie finden uns auch im Internet unter: www.koehler-books.de

**Bibliografische Information der Deutschen Nationalbibliothek**
Die Deutsche Nationalbibliothek verzeichnet diese Publikation in der Deutschen Nationalbibliografie; detaillierte bibliografische Daten sind im Internet über http://dnb.d-nb.de abrufbar.

ISBN 978-3-7822-1251-9
Koehlers Verlagsgesellschaft, Hamburg

Umschlag: Nicole Laka
Layout und Produktion: Inge Mellenthin

Printed in Europe

# INHALT

# VORWORT

Kreuzfahrten erfreuen sich stetig wachsender Beliebtheit. Jedes Jahr werden neue Kreuzfahrtschiffe in Dienst gestellt; für die Tourismusbranche sind Kreuzfahrten ein Milliardengeschäft. Allein für den deutschen Reisemarkt sprechen die Zahlen für sich. 2015 haben über 2,2 Millionen Urlauber eine Reise auf einem Hochsee- oder Flusskreuzfahrtschiff gebucht. Der Reisebranche verschaffte das einen Umsatz von über 3 Milliarden Euro.

Bei der großen Anzahl an Schiffstouristen bleibt es nicht aus, dass es auch bei dieser Urlaubsart zu Mängeln und Problemen kommt und sich daraus zahlreiche Streitfälle zwischen Reiseveranstaltern und Urlaubern entwickeln.

Der Ratgeber »Mein Recht bei Kreuzfahrten« zeigt auf, welche Hilfe das Reiserecht dem Urlauber zur Seite stellt, wenn es zum Streit rund um die Kreuzfahrt kommt.

# PAUSCHAL-REISERECHT

# Reisevertrag

Eine Kreuzfahrt ist eine Pauschalreise. Die rechtlichen Regelungen hierzu finden sich im Bürgerlichen Gesetzbuch (BGB), genauer im Reisevertragsrecht, das in §§ 651a ff BGB geregelt ist.

Zwischen dem Reisenden und dem Reiseveranstalter wird ein Reisevertrag abgeschlossen. Eigentlich setzt ein Reisevertrag eine Gesamtheit von Reiseleistungen, d. h. eine Bündelung von mindestens zwei Hauptleistungen, voraus, also etwa die klassische Verbindung von Beförderung (Flug) und Unterkunft (Hotel).

Bei einer Kreuzfahrt liegt aber auch bei einer Eigenanreise des Kunden zum Schiff stets eine Pauschalreise vor, da bereits die Beförderung auf dem Schiff und das Aufenthaltsprogramm an Bord, das sich aus Unterkunft, Verpflegung, Service und Unterhaltung zusammensetzt, als Reisepaket, also als Bündelung von mehreren Leistungen, zu bewerten ist.

Ebenso sind für Fährschiffe beworbene »Mini-Kreuzfahrten« von ein bis zwei Tagen als Pauschalreisen einzustufen, da dem Passagier neben der Fahrt von einem Hafen zum anderen auch ein Zusatzprogramm (Unterkunft, Verpflegungsmöglichkeiten, Unterhaltung an Bord, Landausflüge am Ziel u. a.) angeboten wird.

Manche Urlauber wollen auch auf Frachtschiffen den Genuss einer Seereise erleben, und so gibt es auf dem Reisemarkt entsprechende Reiseangebote, die aus rechtlicher Sicht ebenfalls als Pauschalreise einzuordnen sind.

*Gut zu wissen*
Die gesetzlichen Regelungen des Reisevertragsrechts sind sehr verbraucherschützend ausgestaltet. Der Reiseveranstalter darf gemäß § 651m BGB bei den vertraglichen Vereinbarungen nicht zum Nachteil des Reisekunden von den gesetzlichen Vorschriften der §§ 651a ff abweichen.

Neben dem Reisevertragsrecht des BGB muss der Reiseveranstalter noch andere Rechtsvorschriften beachten, die insbesondere dem Schutz des Reisekunden dienen. Zu nennen ist beispielsweise die sogenannte BGB-Informationspflichten-Verordnung (BGB-InfoV), die dem Reiseveranstalter auferlegt, dem Kunden im Rahmen der Reisebuchung und vor Antritt der Reise umfangreiche Informationen zukommen zu lassen.

Solche Informationen sind z. B.

- Einreisebestimmungen der Reiseländer
- Gesundheitsvorschriften der Reiseländer
- schriftliche Reisebestätigung mit Details der Reise
- Hinweis zur Pflicht zur Mängelrüge bei Reisemängeln
- Fristen für eine Reklamation
- Hinweis zum Abschluss einer Reiserücktrittskostenversicherung und einer Versicherung zur Übernahme der Rückführungskosten bei Unfall oder Krankheit

Doch nicht nur nationale Vorschriften dienen der Stärkung der Kundenrechte, sondern auch die EU gibt viele Rechtsvorschriften bei der Abwicklung von Pauschalreisen vor.

Für Kreuzfahrten ist u. a. die EU-Verordnung Nr. 1177/2010 zu nennen, die insbesondere Hafen- und Schiffsbetreibern die Pflicht auferlegt, gehandicapten Passagieren kostenfreie Hilfe zur Ermöglichung der Kreuzfahrt anzubieten.

Weitere Informationen hierzu im Kapitel:
**Reisen mit Behinderung,** Seite 13 ff

**Wichtige Rechtsvorschriften zum Reisevertrag:**

- §§ 651a ff BGB (Reisevertrag)
- §§ 4 ff BGB-InfoV (Informationspflichten für Reiseveranstalter)
- EU-Verordnung Nr. 1177/2010 (Fahrgastrechte im See- und Binnenschiffsverkehr)

**Urteile aus der »Würzburger Tabelle« zum Reisevertrag:**

- Reiseausschreibung, Seite 119
- Vor Beginn der Kreuzfahrt, Seite 120 ff

# GUT ABGESICHERT SEIN

# Wenn Sie eine Kreuzfahrt machen, reisen Sie gut versichert ...

Bereits vor Buchung einer Kreuzfahrt sollte der Urlauber überprüfen, ob er wichtige Reiseversicherungen abgeschlossen hat. Folgende Versicherungen sollte man »im Gepäck haben«.

## Auslandskrankenversicherung

Vor einer Erkrankung oder einem Unfall ist man auch auf einer Kreuzfahrtreise nicht geschützt. Sollte dann ein Krankenhausaufenthalt oder Arztbesuch in fernen Ländern notwendig sein, ist es für den Urlauber ganz wichtig, eine Auslandskrankenversicherung zu haben. Gesetzliche Krankenkassen schützen zwar mit Einschränkungen im EU-Ausland und in Ländern, mit denen ein entsprechendes Sozialversicherungsabkommen besteht, weltweit ist man aber nicht versichert. Das gilt auch bei ärztlichen Behandlungen durch den Schiffsarzt.

Bei privaten Krankenkassen kommt es auf die jeweiligen vertraglichen Regelungen an.

Eine Auslandskrankenversicherung ist in der Regel nicht teuer und übernimmt, je nach Inhalt des Vertrages, auch einen

7

Krankenrücktransport (Rettungsflug) nach Hause, dessen Kosten immens sein können.

## Reiserücktrittskostenversicherung

Kreuzfahrten werden in der Regel lange im Voraus gebucht. Bei teuren Reisen ist eine Reiserücktrittskostenversicherung auf jeden Fall zu empfehlen. Der Urlauber, der aus persönlichen Gründen seine Reise nicht antreten kann und stornieren muss, kann sich so in vielen Fällen vor hohen Stornokosten schützen.

Bei Absagen am Tag des Reisebeginns oder einen Tag davor können bis zu 90 Prozent des Reisepreises fällig sein.

Versicherte Fälle sind beispielsweise, wenn es beim Versicherten oder einem nahen Angehörigen zum

- Tod,
- einer schweren Unfallverletzung oder
- einer schweren unerwarteten Erkrankung kommt und die Reise nicht mehr zumutbar ist.

Weitere Versicherungsfälle aus dem Risikobereich des Versicherten können z.B. folgende Ereignisse sein:

- Impfunverträglichkeit
- Schwangerschaft, die zur Reiseunfähigkeit führt
- umfangreiche Eigentumsschäden durch Feuer, Explosion oder Überschwemmung

- erheblicher Schaden durch Straftat
- unerwarteter Verlust des Arbeitsplatzes
- unerwartete Aufnahme einer Arbeitstätigkeit nach Arbeitslosigkeit

*Gut zu wissen*

Liegt ein Versicherungsfall vor, muss der Reisekunde sofort die Reise stornieren. Wartet er zu lange mit der Stornierung, werden die Stornokosten stetig höher, und die Reiserücktrittskostenversicherung übernimmt nur den Teil der Stornokosten, der zum tatsächlichen Zeitpunkt des Eintritts des Versicherungsfalles angefallen ist.

## Reiseabbruchversicherung

Es kann vorkommen, dass eine bereits angetretene Kreuzfahrt aus den o. g. Fällen abgebrochen werden muss. Hier schützt eine Reiseabbruchversicherung. Die Versicherung deckt die Mehrkosten einer geänderten Rückreise ab. Je nach Versicherungsvertrag werden auch die nicht genutzten Reiseleistungen erstattet.

Die Reiseabbruchversicherung übernimmt aber nicht die Kosten für einen Rettungsflug ins Heimatland.

*Gut zu wissen*

Oftmals ist die Reiseabbruchversicherung in einer Reiserücktrittskostenversicherung enthalten. Hier sollte der Reisende die Angebote der Versicherungen genau vergleichen.

## Unfallversicherung

Unfälle können nicht nur auf dem Kreuzfahrtschiff, sondern auch bei Ausflügen an Land passieren. Für diese Fälle ist eine Unfallversicherung ratsam, die bei schweren körperlichen Folgen eines Unfalles (Invalidität) einspringt und beispielsweise auch Rettungs- und Bergungskosten übernimmt.

## Private Haftpflichtversicherung

Für Schäden, die man fahrlässig anderen zufügt, ist eine private Haftpflichtversicherung unbedingt zu empfehlen. Die Versicherung ist nicht nur zu Hause absolut wichtig, sondern auch auf Reisen. Schnell kann man auch auf einem Kreuzfahrtschiff versehentlich einen Schaden anrichten. Gerade bei Personenschäden können die Schadensersatzforderungen eines Geschädigten in die Hundertausende Euro gehen.

*Gut zu wissen*

Aufgrund des Kreuzfahrtenbooms bieten einige Versicherungen einen Komplettschutz für Urlauber an (Kreuzfahrtenversicherung/Schiffsreiseversicherung). Solche Angebote sollten vom Reisenden dahin gehend geprüft werden, ob sie den individuellen Versicherungswünschen inhaltlich entsprechen und ob sie gegenüber einzelnen Versicherungen rentabel sind.

Von einer Reisegepäckversicherung ist eher abzuraten, da diese zu viele Ausschlussmöglichkeiten im Schadensfall umfasst. Geht das Gepäck während des Transports verloren, hat der

Reisende zudem einen Haftungsgegner (z. B. Fluggesellschaft, Reiseveranstalter). Nähere Informationen hierzu im Kapitel: **Gepäckprobleme, Seite 64 ff**

Beim Einbruch in die Kabine auf dem Kreuzfahrtschiff bietet eine Hausratversicherung Schutz, wenn eine Außenversicherung für den Fall des Einbruchs in eine Schiffskabine mit im Versicherungsvertrag eingeschlossen ist.

**Urteile aus der »Würzburger Tabelle« zu Versicherungen:**

- Reiserücktrittskostenversicherung/Reiseabbruchversicherung, Seite 129 ff

**... und beachten Sie folgende Tipps:**

- Informieren Sie sich vor Buchung der Kreuzfahrt, ob Sie gegebenenfalls alle notwendigen Impfungen durchführen können.

- Schließen Sie bei teuren Kreuzfahrtreisen eine Reiserücktrittskostenversicherung ab, die auch eine Reiseabbruchversicherung beinhaltet, bzw. schließen Sie diese zusätzlich ab.

- Achten Sie auf ausreichenden Krankenversicherungsschutz, wenn Sie auf Reisen gehen. Informieren Sie sich vor Beginn der Reise bei Ihrer Krankenversicherung. Die Leistungen und Kosten von Auslandskrankenversicherungen sind sehr unterschiedlich, ein genauer Vergleich lohnt sich. Wählen Sie eine Versicherung, deren Leistungen beinhalten, dass die Kosten für einen Rücktransport übernommen werden, wenn dieser medizinisch sinnvoll und vertretbar ist (einige Versicherungen übernehmen Kosten nur, wenn der Rücktransport medizinisch notwendig ist).

- Erkranken Sie auf der Kreuzfahrt und müssen zum Arzt, informieren sie sowohl die eigene Krankenkasse als auch die Auslandskrankenversicherung. Wenn Sie das Schiff krankheitsbedingt verlassen müssen, setzen Sie auch Ihren Reiseveranstalter in Kenntnis.

# REISEN MIT BEHINDERUNG

# Hilfen für gehandicapte Reisende bzw. für Reisende mit eingeschränkter Mobilität

Menschen, die gehandicapt sind, müssen auf eine Kreuzfahrtreise nicht verzichten.

Es gibt europarechtliche Vorgaben, die Reiseveranstalter, Schiffsbetreiber und auch Häfen in der EU dazu verpflichten, Reisenden mit eingeschränkter Mobilität kostenfreie Hilfe anzubieten, um eine Reise per Schiff durchführen zu können.

Die Regelungen gelten für alle Reisewilligen mit einer körperlichen oder geistigen Behinderung oder für Reisende, die in ihrer Mobilität eingeschränkt sind.

## Hilfeleistungen

Gegenüber dem Hafen- und Schiffsbetreiber hat der betroffene Passagier aufgrund der EU-Verordnung Nr. 1177/2010 Anspruch darauf, kostenfreie Unterstützung bei der Ein- und Ausschiffung zu erhalten. Die Verordnung gilt für alle Kreuzfahrten, bei der die Einschiffung im Hoheitsgebiet eines EU-Mitgliedstaates liegt.

Beispiele für Hilfeleistungen:

- Hilfe, vom Eingang der Hafenterminals zum Abfertigungsschalter zu gelangen
- Hilfe, im Terminal Toiletten aufsuchen zu können
- Hilfe, vom Abfertigungsschalter zum Schiff zu gelangen
- mithilfe von Lifts oder Rollstühlen zum Schiff zu gelangen
- Abfertigung aller notwendigen Mobilitätshilfen (z. B. Rollator, Rollstuhl)
- Abfertigung/Mitnahme anerkannter Begleithunde
- Hilfestellung an Bord beim Aufsuchen einer öffentlichen Toilette
- Hilfe bei der Ausschiffung und beim Passieren der Einreise- und Zollkontrollstellen

*Gut zu wissen*

Wird ein gehandicapter bzw. in der Mobilität eingeschränkter Passagier von einer Begleitperson zum Schiff gebracht, so ist dieser Person auf Verlangen zu gestatten, im Hafen sowie bei der Ein- und Ausschiffung die notwendige Hilfe zu leisten.

Die vorgeschriebenen kostenfreien Hilfeleistungen sollen das Reisen auf einem Kreuzfahrtschiff nur ermöglichen. Der Kreuzfahrtanbieter und der Terminalbetreiber sind aber nicht dazu verpflichtet, Pflegedienste zu erbringen, d. h. zum Beispiel Personal zur Verfügung zu stellen, das beim Toilettengang, in der Kabine oder im Restaurant dem Passagier pflegerisch Hilfe leistet.

*Anmeldung der Hilfeleistungen*

Der Passagier ist verpflichtet, seinen Wunsch nach Hilfeleistungen rechtzeitig anzumelden, anderenfalls müssen keine Hilfeleistungen zur Verfügung gestellt werden.

Entsprechende Wünsche müssen spätestens 48 Stunden vorher beim Beförderer und Terminalbetreiber angemeldet werden. Ferner sollte der Passagier 60 Minuten vor der Einschiffungszeit am Terminal eintreffen. Zudem besteht die Verpflichtung, bereits bei der Buchung der Kreuzfahrt darauf hinzuweisen, dass man beabsichtigt, entsprechende Hilfe zu beanspruchen.

## Anreise zum Schiff

Bereits auf dem Weg vom Wohnort zum Hafen können Passagiere Hilfe beanspruchen, wenn sie mit dem Flugzeug oder der Bahn anreisen.

## Fluganreise

Wer per Flugzeug zum Ausgangshafen anreist oder nach der Kreuzfahrt wieder nach Hause fliegt, genießt ebenfalls umfangreichen Schutz aufgrund einer EU-Regelung.

Die EU-Verordnung Nr. 1107/2006, die für alle Flüge ab einem Flughafen der EU und für Flüge von einem Drittstaat (z. B. USA) in die EU mit einer EU-Airline gilt, schreibt vor, dass Fluggesellschaften umfangreiche Hilfe für gehandicapte Passagiere und Reisende mit eingeschränkter Mobilität anbieten müssen. Und auch die Flughäfen in der EU werden in die Pflicht genommen und müssen kostenfrei Hilfe anbieten.

Kostenfreie Unterstützungsleistungen, die der Passagier am Flughafen und von der Fluggesellschaft beanspruchen kann, sind z.B.:

- Hilfe, durch geschulte Mitarbeiter des Flughafens, um den jeweiligen Abfertigungsschalter zu finden und die Gepäckaufgabe zu erledigen
- Hilfe zum Abfluggate zu gelangen
- Hilfe, an Bord und zum Sitz im Flugzeug zu gelangen
- Hilfe beim Aussteigen aus dem Flugzeug und bei der Gepäckentgegennahme
- Mitnahme von bis zu zwei Mobilitätshilfen (Rollator, elektrischer Rollstuhl u.a.)
- Mitnahme eines anerkannten Begleithundes (in der Kabine, nicht im Frachtraum)

Die Fluggesellschaft darf die Mitnahme des Passagiers nur verweigern, wenn sicherheitsrelevante Faktoren dagegen sprechen. Das muss die Airline aber genau begründen. Ebenso kann die Mitnahme von Mobilitätshilfen nur verweigert werden, wenn sich nicht genügend Platz im Flugzeug findet oder der Passagier seine Wünsche zu spät anmeldet.

### Anmeldung der Hilfeleistungen

Der Passagier muss seine Wünsche nach Hilfeleistungen 48 Stunden vorher anmelden. Ansprechpartner sind die Fluggesellschaft und auch der Reiseveranstalter, sofern der Flug Teil des Reisevertrages ist. Diese Stellen müssen mindestens 36 Stunden vor dem Abflug den jeweiligen Flughafen informieren.

*Weitere Informationen finden Flugreisende unter:*
www.lba.de                (Luftfahrtbundesamt)
www.soep-online.de        (Schlichtungsstelle für den öffent-
                          lichen Personenverkehr)

## Bahn

Für Bahnreisende mit Behinderung bzw. Mobilitätseinschränkungen enthält die EU-Verordnung Nr. 1371/2007 wichtige Regelungen.

An Bahnhöfen und im Zug müssen u. a. folgende Hilfeleistungen kostenfrei erbracht werden:

- Informationen über Bahnhöfe mit Personal
- Hilfe beim Ein- und Aussteigen aus dem Zug bzw. beim Umsteigen, soweit ein Bahnhof mit Personal ausgestattet ist
- Zugänglichkeit von Toiletten auf Bahnhöfen

*Anmeldung der Hilfeleistungen*
Der Bahnreisende muss seinen Wunsch nach Hilfeleistungen mindestens 48 Stunden vorher anmelden. Ansprechpartner sind das Bahnunternehmen und Bahnhöfe. Hilfe geben auch die Mitarbeiter der jeweiligen Bahnhofsmission.

*Weitere Informationen finden Bahnreisende unter:*
www.soep-online.de        (Schlichtungsstelle für den öffent-
                          lichen Personenverkehr)
www.bahnhofsmission.de

**Wichtige Rechtsvorschriften:**

- EU-Verordnung Nr. 1177/2010 (Fahrgastrechte im See- und Binnenschiffsverkehr)
- EU-Verordnung Nr. 1107/2006 (Fluggastrechte für Passagiere mit eingeschränkter Mobilität)
- EU-Verordnung Nr. 261/2004 (Fluggastrechte)
- EU-Verordnung Nr. 1371/2007 (Fahrgastrechte für Bahnreisende)

**Tipps:**

- Weisen Sie bereits im Rahmen der Buchung darauf hin, dass Sie eine Behinderung haben bzw. in Ihrer Mobilität eingeschränkt sind und Hilfe beanspruchen möchten.

- Wenn Sie Sonderwünsche zur Buchung haben, z. B. eine behindertengerechte Kabine auf dem Schiff, lassen Sie sich die Berücksichtigung Ihres Sonderwunsches schriftlich bestätigen.

- Wenn Sie am Flughafen, im Hafen oder am Bahnhof Hilfe benötigen, weisen Sie bereits bei der Buchung der Reise darauf hin, melden Sie Ihre Wünsche frühzeitig an und lassen Sie sich Ihre Anmeldung schriftlich bestätigen.

# REISEBUCHUNG

# Wenn Sie eine Kreuzfahrt buchen ...

Ein Vertrag über eine Kreuzfahrtreise (Reisevertrag) kommt mit der Anmeldung des Reisekunden und der Bestätigung durch den Reiseveranstalter zustande.

Es macht dabei keinen Unterschied, ob die Kreuzfahrt im Reisebüro, im Internet, aufgrund einer Zeitungsanzeige bzw. eines Flyers oder telefonisch aufgrund eines TV- oder Radiospots gebucht wird.

Entscheidend für einen wirksamen Vertragsabschluss ist, dass sich die Reiseanmeldung des Kunden mit der Bestätigung des Reiseveranstalters inhaltlich genau deckt. Bestätigt der Reiseveranstalter andere Leistungen als gebucht, kommt kein Reisevertrag zustande, es sei denn, der Kunde erklärt sich damit einverstanden.

*Gut zu wissen*

Ein solches Einverständnis des Reisekunden kann auch durch eine schlüssige Handlung erfolgen, etwa, wenn der Kunde die Reise trotz abweichender Bestätigung antritt oder den Reisepreis widerspruchslos bezahlt.

Darum sollte ein Reisekunde die Reisebestätigung stets gut durchlesen und mit seiner Buchung genau vergleichen.

*Gut zu wissen*
Viele Vertragsarten, die ein Verbraucher im Internet abschließt, können innerhalb von zwei Wochen widerrufen werden. Das gilt aber nicht für Reiseverträge!

Grundsätzlich kann ein Reisevertrag mündlich abgeschlossen werden, in der Regel kommt der Vertrag aber mit der Übergabe der Reisebestätigung des Reiseveranstalters zustande. Doch auch wenn der Reisevertrag mündlich abgeschlossen wird, muss der Reiseveranstalter dem Kunden eine schriftliche Bestätigung vorlegen. In der Reisebestätigung müssen alle wesentlichen Vertragsbestandteile der gebuchten Kreuzfahrt enthalten sein.

Inhalt der Reisebestätigung u. a.:

- Name und Anschrift des Reiseveranstalters
- Reisepreis und Höhe der Anzahlung/Zahlungsmodalitäten
- Zeitraum der Reise
- Ort der Abreise und Rückkehr
- Unterbringung (Kabinenkategorie)
- Verpflegung
- Ausflüge
- vereinbarte Sonderwünsche des Reisekunden

## Inhalt des Reisevertrages

Was die Parteien des Reisevertrages miteinander vereinbaren, setzt sich aus verschiedenen Komponenten zusammen:

- Reiseausschreibung (Katalog, Flyer, Internetangebot, Zeitungsanzeige u. a.)
- Reisebestätigung
- mündliche Nebenabreden
- Allgemeine Geschäftsbedingungen (AGB) des Reiseveranstalters

Die AGB sind für den Reiseveranstalter sehr wichtig, da im sogenannten Kleingedruckten zahlreiche wichtige Regelungen zur Abwicklung des Reisevertrages enthalten sind. Die AGB werden aber nur Vertragsbestandteil, wenn drei Voraussetzungen erfüllt sind:

- Der Kunde wird bei Vertragsabschluss auf die AGB hingewiesen.
- Der Kunde kann die AGB zur Kenntnis nehmen, d. h. lesen.
- Der Kunde erklärt sich mit der Einbeziehung der AGB einverstanden.

## Sonderwünsche

Wenn der Kunde Sonderwünsche hat, etwa eine bestimmte Lage der Kabine, sei es steuer- oder backbord, eine rollstuhlgerechte Kabine oder aber auch nur der Wunsch nach Diätessen oder Frühstücksbrötchen ohne Weizenmehl usw., wird dieser Wunsch nur dann Vertragsbestandteil, wenn er vom Reiseveranstalter ausdrücklich bestätigt wird. Unverbindliche Kundenwünsche bleiben stets, wie das Wort schon sagt, »unverbindlich«.

## Informationspflichten des Reiseveranstalters

Bereits vor der Buchung der Reise muss der Reiseveranstalter den Reisenden umfangreich über Pass- und Visumerfordernisse und über gesundheitliche Vorschriften (Impfbestimmungen) des jeweiligen Reiseziels informieren. Das schreibt die sogenannte BGB-Informationspflichten-Verordnung (BGB-InfoV) vor. Diese Informationspflicht dient dazu, dass der Reisende vor Buchung der Kreuzfahrt abklären kann, ob er die Reise überhaupt antreten kann bzw. möchte. Möglicherweise kann er sich aus gesundheitlichen Gründen gar nicht impfen lassen.

Verstößt der Reiseveranstalter gegen seine Informationspflicht, muss er für die daraus entstehenden Schäden und Beeinträchtigungen für den Urlauber haften.

*Gut zu wissen*
Viele Kreuzfahrturlauber organisieren ihre Anreise (per Auto, Bahn oder Flugzeug) zum Schiff selbst, um so gegebenenfalls etwas Geld zu sparen oder flexibler zu sein.

Davon ist aber eher abzuraten, da dann das Risiko, das Schiff rechtzeitig zu erreichen, allein der Reisende trägt. Daher ist es besser, die An- und Abreise zum Ausgangshafen beim Reiseveranstalter mit im Paket zu buchen, sofern dies angeboten wird. Kommt es dann zu Problemen bei der An- und Abreise, muss sich der Reiseveranstalter um eine Lösung bemühen und für negative Folgen geradestehen.

**Wichtige Rechtsvorschriften zur Reisebuchung:**

- § 651a BGB (Inhalt des Reisevertrages)
- §§ 305 ff BGB (Regelungen für Allgemeine Geschäftsbedingungen)
- §§ 4 ff BGB-InfoV (Informationspflichten für Reiseveranstalter)

**… beachten Sie folgende Tipps:**

- Lesen Sie Einreise- und Impfbestimmungen der Reiseziele vor Buchung der Reise genau durch.

- Fragen Sie Ihren Hausarzt, ob Sie alle erforderlichen Impfungen vornehmen können.

- Prüfen Sie, ob Sie alle erforderlichen Reisedokumente haben bzw. diese noch rechtzeitig vor Reisebeginn besorgen können. Kontrollieren Sie auch das Ablaufdatum Ihres Reisepasses.

- Wenn Sie die Katalogangaben über die Ausstattung des Schiffes, den Umfang der Leistungen an Bord oder den Ablauf/Inhalt von Landausflügen nicht genau verstehen, fragen Sie gezielt im Reisebüro oder direkt beim Reiseveranstalter nach und lassen Sie sich ergänzende Zusagen ggf. schriftlich bestätigen.

- Lassen Sie sich Sonderwünsche, die für Sie wichtig sind, ausdrücklich schriftlich bestätigen.

- Lassen Sie sich mündliche Nebenabreden oder Zusagen schriftlich bestätigen.

- Kontrollieren Sie auf der Reisebestätigung, ob alle Punkte Ihrer Reiseanmeldung bestätigt werden. Weicht die Bestätigung inhaltlich von Ihrer Buchung ab, können Sie die abweichende Bestätigung ablehnen. Kann Ihre Buchung nicht inhaltsgleich bestätigt werden, kommt ohne Ihre Zustimmung kein Reisevertrag zustande.

- Buchen Sie die Anreise zum Hafen und zurück mit im Paket beim Reiseveranstalter.

- Verweist der Reiseveranstalter auf das Kleingedruckte (AGB), prüfen Sie, ob die AGB wirksam in den Vertrag einbezogen wurden.

# VERTRAGS-PFLICHTEN

# Wenn Sie einen Reisevertrag abgeschlossen haben ...

Die Vertragspflichten der Parteien können mit wenigen Worten erklärt werden.

## Reiseveranstalter

Die Pflicht des Reiseveranstalters besteht darin, die im Reisevertrag vereinbarten Leistungen mangelfrei zu erbringen.

Gerade darüber gibt es jedoch oftmals Streit, wenn auf der Kreuzfahrt oder der hinzugebuchten An- und Abreise Mängel zu beklagen sind.

## Reisekunde

Der Reisekunde hat nur eine wesentliche Pflicht, nämlich den Reisepreis zu bezahlen.

Es gibt aber auch vertragliche Nebenpflichten des Kunden, die nicht wörtlich im Gesetz stehen, sich aber aus dem Vertragsverhältnis als solche ergeben.

Der Urlauber muss zum Gelingen der Reise beitragen. Darunter versteht man bei Kreuzfahrten z.B.:

- Mitnahme der notwendigen Reisepapiere (Pass, Visum, Impfzeugnisse etc.)
- Pünktliches Erscheinen zu den jeweils angegebenen Einschiffungszeiten etc.
- Teilnahme an Rettungsübungen
- Beachtung der Schiffsordnung (z. B. Mitnahmeverbot von Flaschen auf das Schiff, Rauchverbote beachten)
- Beachtung der Kleiderordnung auf dem Schiff
- Einhaltung von zugewiesenen Tischzeiten
- Beachtung von Zollvorschriften der Reiseländer

## Reisepreis

Nach Abschluss des Vertrages verlangt der Reiseveranstalter in der Regel eine Anzahlung und kurz vor Beginn der Kreuzfahrt die Restzahlung des Reisepreises. Das darf er auch, soweit dieses mit dem Reisekunden vereinbart wurde. Eine entsprechende Vereinbarung kommt zumeist dadurch zustande, dass eine Regelung in den Allgemeinen Geschäftsbedingungen (AGB) des Reiseveranstalters bezüglich der An- und Restzahlung besteht und die AGB Vertragsbestandteil wurden.

Kreuzfahrten werden in vielen Fällen schon lange Zeit im Voraus gebucht, und so gibt es nicht selten Unstimmigkeiten darüber, wie hoch eine Anzahlung sein darf. Ein Kunde ist natürlich verärgert, wenn er bereits ein Jahr vor Beginn der Reise 50 Prozent des Reisepreises oder mehr als Anzahlung leisten soll.

Die Rechtsprechung hat dem Reiseveranstalter klare Grenzen gesetzt.

Nach einem Urteil des Bundesgerichtshofes (Az. X ZR 85/12) kann der Reiseveranstalter bis 30 Tage vor Beginn einer Reise nur eine Anzahlung in Höhe von maximal 20 Prozent verlangen, es sei denn, der Reiseveranstalter kann detailliert darlegen, dass eine höhere Anzahlung gerechtfertigt ist, da er selbst frühzeitig höhere Aufwendungen tätigen muss.

Kurz vor Reisebeginn, d. h. ab 30 Tage vorher, kann der Reiseveranstalter gegen Übergabe der Reiseunterlagen dann den vollen Reisepreis verlangen.

## Sicherungsschein

Der Reiseveranstalter muss nach dem Reisevertragsrecht eine Absicherung dafür treffen, dass die Kundengelder geschützt sind, sollte der Reiseveranstalter in eine finanzielle Schieflage geraten und zahlungsunfähig werden.

Der Reiseveranstalter macht das, indem er eine Insolvenzversicherung abschließt.

Geht der Reiseveranstalter vor Beginn der Kreuzfahrt pleite, wird sichergestellt, dass der Reisekunde seinen Reisepreis erstattet bekommt.

Tritt die Zahlungsunfähigkeit während der Reise ein, werden dem Kunden die möglichen Mehrkosten für die Rückreise und die nicht erbrachten Leistungen erstattet.

Nach dem Reisevertragsrecht, genauer in § 651k III BGB, ist zwingend vorgeschrieben, dass der Reiseveranstalter dem Kunden zum Nachweis einer Insolvenzabsicherung einen sogenannten Sicherungsschein übergeben muss. Auf dem Sicherungsschein steht, bei welcher Versicherung der Reiseveranstalter insolvenzversichert ist.

Kommt es zum Versicherungsfall, ist die Versicherung Ansprechpartner für den Urlauber.

*Gut zu wissen*
Ohne Übergabe des Sicherungsscheins muss der Kunde vor Ende der Reise den Reisepreis nicht bezahlen, auch keine Anzahlung leisten! Das gilt auch, wenn der Kunde die Reise nicht direkt beim Reiseveranstalter bucht, sondern über einen Reisevermittler (z. B. im Reisebüro).

## Bezahlung für andere

Oft bucht ein Reisender für mehrere Personen eine Kreuzfahrt. Dann stellt sich die Frage, ob der Anmelder der Reise auch für die Mitreisenden den Reisepreis bezahlen muss.

Bei Reisen von Ehepartnern oder einer Familie mit Kindern wird davon ausgegangen, dass derjenige, der die Reise anmeldet (bucht), alleine den Reisepreis schuldet.

Bucht jemand für eine Gruppe, so muss er nicht automatisch für den Gesamtreisepreis einstehen. Jeder Einzelne der Gruppe muss für seinen Reisepreis aufkommen.

Reiseveranstalter haben in der Regel aber ein großes Interesse daran, bei Gruppenreisen den Anmelder dazu zu verpflichten, für den Gesamtreisepreis einzustehen.

Aus diesem Grund nehmen Reiseveranstalter eine entsprechende Klausel in ihren AGB auf. Neben dieser sogenannten Haftungsklausel bedarf es aber einer zusätzlichen Erklärung des Anmelders, dass er mit einer entsprechenden Regelung einverstanden ist. Das erfolgt zum Beispiel durch eine zweite Unterschrift bei einer entsprechenden Klausel auf der Reiseanmeldung.

## Zahlungsverzug

Der Reisekunde muss darauf achten, zu den vereinbarten Fristen die Anzahlung bzw. den vollständigen Reisepreis zu bezahlen. Kommt der Reisekunde mit der Bezahlung in Verzug und zahlt er trotz Mahnung mit Fristsetzung nicht, kann der Reiseveranstalter vom Reisevertrag zurücktreten und Schadensersatz fordern. Dieser Schadensersatz errechnet sich zumeist anhand der Stornopauschalen des Reiseveranstalters, wenn ein Kunde seine Reise storniert.

*Gut zu wissen*
Viele Reiseveranstalter vereinbaren mit dem Kunden ein Direktinkasso, d.h., der Kunde muss, auch wenn er im Reisebüro seine Kreuzfahrt bucht, den Reisepreis direkt an den Reiseveranstalter bezahlen.

Ist das Reisebüro inkassobevollmächtigt, kommt der Reisekunde mit der Zahlung des Reisepreises an das Reisebüro seiner Zahlungspflicht nach. Geht das Reisebüro dann pleite oder leitet es den Reisepreis aus anderen Gründen nicht an den Reiseveranstalter weiter, ist der Kunde nicht verpflichtet, den Reisepreis nochmals zu bezahlen, und der Reiseveranstalter muss die gebuchte Reise zur Verfügung stellen.

## Trinkgeld- oder Servicepauschale

Bei einigen Anbietern von Kreuzfahrten ist es üblich, dass der Passagier am Ende der Kreuzfahrt eine Servicepauschale (Trinkgeldpauschale/Serviceentgelt) bezahlen soll bzw. wird dem Bordkonto ein entsprechender Betrag belastet.

Diese Forderung stellt eine nachträgliche Preiserhöhung dar und ist unzulässig.

Das gilt auch, wenn der Reiseveranstalter mittels Sternchenhinweises beim Reisepreis in der Katalog- bzw. Reisebeschreibung oder anderweitig im Kleingedruckten auf diese Pauschale hingewiesen hat.

Der Reisekunde kann sich daher weigern, die Pauschale zu bezahlen, bzw. kann diese, sollte er unter Vorbehalt oder wegen Unwissenheit bezahlt haben, hinterher zurückfordern. Das Bezahlen von Trinkgeld ist immer freiwillig und sollte auch an Bord eines Kreuzfahrtschiffes direkt an das Personal erfolgen.

**Wichtige Rechtsvorschriften zu den Vertragspflichten:**

- § 651a BGB (Reisevertrag)
- § 651k BGB (Absicherung des Reisepreises)
- §§ 305 ff BGB (Regelungen für Allgemeine Geschäftsbedingungen)
- §§ 4 ff BGB-InfoV (Informationspflichten für Reiseveranstalter)

**Urteile aus der »Würzburger Tabelle« zu den Vertragspflichten:**

- Vor Beginn der Kreuzfahrt, Seite 120 ff

**... beachten Sie folgende Tipps:**

- Bezahlen Sie eine Anzahlung auf den Reisepreis oder den kompletten Reisepreis vor der Reise nur, wenn Sie vom Reiseveranstalter einen Sicherungsschein erhalten haben.

- Verlangt der Reiseveranstalter eine Anzahlung, prüfen Sie, ob das im Rahmen der Buchung vertraglich vereinbart wurde (z. B. durch die Allgemeinen Geschäftsbedingungen, die wirksam in den Reisevertrag einbezogen wurden).

- Sollte Ihr Reiseveranstalter bis 30 Tage vor Reiseantritt mehr als 20 Prozent des Reisepreises als Anzahlung fordern, verlangen Sie eine detaillierte Begründung zur Höhe der geforderten Anzahlung.

- Verlangen Sie, wenn Sie bei einem Reisevermittler (Reisebüro) bezahlen, einen Nachweis der Inkassoberechtigung und eine Quittung für die Bezahlung der Anzahlung bzw. des Reisepreises.

- Den Reisepreis für Mitreisende (ausgenommen Familienangehörige) müssen Sie nur bezahlen, wenn Sie sich durch eine gesonderte Erklärung dazu verpflichtet haben.

- Verlangt man von Ihnen am Ende der Reise eine zusätzliche Servicepauschale (Trinkgeldpauschale), zahlen Sie diese nur, wenn Sie es wollen. Widersprechen Sie gegebenenfalls einer Belastung Ihres Bordkontos.

# STORNIERUNG DER KREUZFAHRT

# Wenn Sie Ihre Kreuzfahrt aus persönlichen Gründen absagen müssen ...

Anders als der Reiseveranstalter kann der Urlauber jederzeit vor Reisebeginn ohne Angaben von Gründen seine Reise absagen, d. h. stornieren.

## Stornokosten

Nach § 651i BGB muss der Reiseveranstalter, wenn der Kunde vom Vertrag zurücktritt, den bereits bezahlten Reisepreis bzw. die Anzahlung zurückzahlen, kann aber sogleich vom Reisekunden eine Entschädigung verlangen; dabei spricht man von Stornokosten.

In der Regel legt der Reiseveranstalter pauschale Stornokosten fest und verweist auf Stornopauschalen in seinen Allgemeinen Geschäftsbedingungen (AGB). Die AGB haben aber nur Gültigkeit, wenn der Kunde vor Vertragsabschluss über die AGB informiert wurde, die AGB einsehen konnte und sich mit dem Einbezug in den Vertrag einverstanden erklärt hat.

Wurden die AGB nicht Vertragsbestandteil oder will der Reiseveranstalter nicht pauschal abrechnen, kann er im konkreten Einzelfall seinen Schaden berechnen. Er muss dann darlegen, welche Kosten er selbst hat und wie hoch sein entgangener Gewinn ist.

Rechnet der Reiseveranstalter aufgrund seiner AGB pauschal ab, kann er nur angemessene Stornosätze ansetzen.

Je kürzer der Zeitraum bis zum Beginn der Kreuzfahrt ist, desto höher darf die Stornopauschale bei Absage der Reise sein.

Storniert der Kunde einen Tag vor Start der Kreuzfahrt oder am Abreisetag, können durchaus bis zu 90 Prozent Stornokosten anfallen. 100 Prozent sind aber in der Regel unzulässig (z.B. Landgericht Frankfurt/M., Az. 2/2 O 114/09), da der Reiseveranstalter immer etwas einspart, wenn der Kunde die Reise gar nicht antritt.

In vielen Fällen schützt eine Reiserücktrittskostenversicherung vor hohen Stornokosten, d.h. die Versicherung übernimmt diese Kosten. Ein Versicherungsfall liegt beispielsweise vor, wenn der Reisende aufgrund eines Unfalles oder einer Erkrankung reiseunfähig ist oder es vor Reisebeginn zum Tod eines nahen Angehörigen kommt.

*Gut zu wissen*

Der Reiseveranstalter ist gesetzlich dazu verpflichtet, den Kunden bei oder unverzüglich nach Vertragsabschluss über die Möglichkeit zum Abschluss einer Reiserücktrittskostenversicherung zu informieren. Macht er es nicht und der Kunde muss seine Kreuzfahrt aus persönlichen Gründen, die einen Versicherungsfall darstellen würden, absagen, ohne eine Rücktrittskostenversicherung zu haben, kann der Reisende sich gegebenenfalls erfolgreich gegen die Stornokosten wehren.

## Vertragsübertragung

Die Stornierung der Reise ist sicherlich die teuerste Variante, eine gebuchte Kreuzfahrt abzusagen.

Der Gesetzgeber hat dem Pauschaltouristen eine Möglichkeit gegeben, sich günstiger vom Vertrag zu lösen.

Nach § 651b BGB kann der Reisekunde den Reisevertrag jederzeit vor Beginn der Reise auf eine dritte Person übertragen. Es ist also möglich, die gebuchte Kreuzfahrt zu verschenken, zu verkaufen oder zu versteigern. Der Reiseveranstalter kann der Übertragung nur widersprechen, wenn die Ersatzperson den besonderen Reiseanforderungen nicht genügt oder seine Teilnahme gesetzlichen Vorschriften oder behördlichen Anordnungen entgegensteht.

Der ursprüngliche Reisekunde und die Ersatzperson haften gemeinsam für den Reisepreis. Sollten Mehrkosten wegen der Übertragung des Reisevertrages entstehen, tragen diese ebenfalls beide gemeinsam.

**Wichtige Rechtsvorschriften zum Stornieren der Reise:**

- § 651i BGB (Rücktritt vom Reisevertrag)
- § 651b BGB (Übertragung des Reisevertrages)
- §§ 305 ff BGB (Regelungen für Allgemeine Geschäftsbedingungen)
- § 6 II Nr. 9 BGB-InfoV (Informationspflichten-Verordnung für Reiseveranstalter, Reiserücktrittkostenversicherung)

Urteile aus der »Würzburger Tabelle« zum Stornieren der Reise:

- Vor Beginn der Reise, Seite 124 ff

**... beachten Sie folgende Tipps:**

- Schließen Sie bei teuren Kreuzfahrten oder bei Reisen, die Sie lange im Voraus buchen, eine Reiserücktrittskostenversicherung ab.

- Prüfen Sie vor Stornierung der Reise die Möglichkeit, ob Sie Ihren Reisevertrag auf eine andere Person übertragen können.

- Wenn der Reiseveranstalter pauschale Stornokosten verlangt, prüfen Sie, ob die Allgemeinen Geschäftsbedingungen des Reiseveranstalters wirksam in den Reisevertrag einbezogen wurden.

- 100 Prozent Stornokosten sind in der Regel unzulässig.

- Verlangt der Reiseveranstalter Stornokosten und haben Sie keine Reiserücktrittskostenversicherung abgeschlossen, prüfen Sie, ob Sie der Reiseveranstalter über diese Versicherungsart informiert hat. Ist er seiner Pflicht nicht nachgekommen, widersprechen Sie der Stornorechnung, sofern ein Versicherungsfall vorliegen würde.

# REISEMÄNGEL BEI KREUZFAHRTEN

# Reisefehler/Fehlen zugesicherter Eigenschaften

Ein Reisemangel liegt dann vor, wenn eine Reise mit einem Fehler behaftet ist oder eine versprochene Leistung auf der Kreuzfahrt fehlt. Die gesetzliche Regelung hierzu findet sich in § 651c I BGB.

## Reisefehler

Eine Urlaubsreise auf einem Schiff dient der Erholung und dem Besuch und der Erkundung von interessanten Zielen entlang der Route. Weicht die Reiseleistung vom, aus objektiver Sicht, zu erwartenden Urlaubsgenuss negativ ab und wird die Reise dadurch in ihrem Wert gemindert, liegt ein Reisefehler, d.h. ein Reisemangel, vor.

Solche Fälle sind beispielsweise gegeben, wenn ein Urlauber in seiner Kabine erhebliche Lärmbelästigungen ertragen muss, die Kabine beim Bezug verdreckt ist oder es auf der zum Vertrag gehörenden Anreise zu einer großen Flugverspätung kommt.

## Zugesagte Leistungen

Fehlt eine versprochene Leistung (eine sogenannte zugesicherte Eigenschaft), liegt ebenfalls ein Reisemangel vor. Auf eine konkrete Beeinträchtigung kommt es dabei nicht an.

Ein solcher Mangel ist beispielsweise gegeben, wenn statt einer Balkonkabine nur eine Innenkabine zur Verfügung gestellt wird, die in der Kabine zugesagte Klimaanlage oder der Fernseher fehlt, das versprochene Animationsprogramm ausfällt oder ein zugesagter Hafen nicht angelaufen wird.

## Hinzunehmende Unannehmlichkeiten

Eine Fluss- oder Hochseekreuzfahrt ist eine besondere Art des Reisens, und so muss der Reisende aber auch einige reisespezifische Unannehmlichkeiten entschädigungslos hinnehmen, da diese nicht als Reisemangel zu bewerten sind, sondern bei einer Schiffsreise nicht vermieden werden können.

Beispiele aus dem Gerichtsalltag, bei denen entsprechende Klagen von Urlaubern keinen Erfolg hatten:

*Ankerschläge* – Laute Schläge beim Ankern sind schiffstypische Geräusche (Amtsgericht Bremen, Az. 25 C 0413/01).

*Deckreinigung* – Ein gewisser Geräuschpegel bei der morgendlichen Deckreinigung ist hinzunehmen (Amtsgericht Wiesbaden, Az. 92 C 4334/14).

*Dieselgeruch* – An Deck riecht es nach Abgasen, kein Mangel (Amtsgericht Hamburg, Az. 4 C 446/01).

*Hafenlärm* – Hafengeräusche müssen entschädigungslos hingenommen werden (Amtsgericht Rostock, Az. 47 C 270/11).

*Lärm an Bord* – Das Herunterlassen und Hochziehen der Landungsbrücke verursacht Lärm. Kein Reisemangel (Amtsgericht Rostock, Az. 46 C 322/09).

*Liegestühle* – An Deck ist nicht für jeden Passagier ein Liegestuhl vorhanden, kein Mangel (Amtsgericht Düsseldorf, Az. 21 C 15471/00).

*Tendern* – Passagiere werden mit Booten zum Land gebracht, kein Mangel (Amtsgericht Stuttgart, Az. 7 C 9734/97).

**Wichtige Rechtsvorschriften zu Reisemängeln:**

- § 651a BGB (Reisevertrag)
- § 651c BGB (Reisemangel/Abhilfe)

**Urteile aus der »Würzburger Tabelle« zu Reisemängeln:**

- Anreise zum Schiff/Rückreise vom Schiff, Seite 139 ff
- Start der Kreuzfahrt, Seite 150 ff
- Schiffskabine, Seite 154 ff
- Während der Kreuzfahrt – an Bord, Seite 159 ff
- Während der Kreuzfahrt – außerhalb des Schiffes, Seite 176 ff
- Ende der Kreuzfahrt, Seite 185
- Schäden am Schiff, Seite 186 ff

**Tipps:**

- Nehmen Sie die Reiseausschreibung und die Reisebestätigung mit an Bord. So können Sie leichter feststellen, ob alle zugesagten Leistungen vorhanden sind.

- Kommt es zu Mängeln, reklamieren Sie sofort und verlangen Sie Abhilfe.

- Sind Mängel zu beklagen, fertigen Sie ein Reklamationsprotokoll an.

- Zur Beweissicherung von Reisemängeln fertigen Sie Fotos oder einen Film an und notieren Sie die Namen und Anschriften von Zeugen (Mitreisende).

# ÄNDERUNGEN VOR DER REISE

# Wenn Ihr Reiseveranstalter vor Beginn der Kreuzfahrt Änderungen vornimmt ...

Nicht selten kommt es vor, dass Reiseveranstalter vor Start der Kreuzfahrt Änderungen der vertraglichen Vereinbarungen vornehmen. Änderungen der gebuchten Leistungen muss der Reisekunde aber nur in kleinen Maßen akzeptieren. Greifen die Änderungen zu sehr in den Reisevertrag ein, liegt bereits vor der Reise ein Mangel bzw. liegen Mängel vor, mit denen sich der Kunde nicht einverstanden erklären muss.

## Preisänderung

Zwischen der Buchung einer Kreuzfahrt und vor dem Start in den schönen Urlaub auf dem Wasser liegt oft eine lange Zeitspanne. Für den Reiseveranstalter kann sich dann die Situation ergeben, dass sich die Abwicklung der Reise verteuert. Der Gesetzgeber hat in § 651a IV BGB dem Reiseveranstalter daher die Möglichkeit gegeben, in engen Grenzen eine Preiserhöhung an den Kunden weiterzugeben.

Das geht aber nur in folgenden Fällen:

- Erhöhung der Beförderungskosten
- Erhöhung der Abgaben für bestimmte Leistungen, etwa Hafen- und Flughafengebühren

- Änderung der für die betreffende Reise geltenden Wechselkurse

Der Reiseveranstalter kann eine Preiserhöhung nur vornehmen, wenn diese Möglichkeit in seinen Allgemeinen Geschäftsbedingungen (AGB) niedergelegt ist, die Klausel wirksam formuliert wurde und die AGB in den Reisevertrag einbezogen wurden.

Zudem ist eine Preishöhung für eine gebuchte Kreuzfahrt nur zulässig, wenn zwischen der Buchung und dem Start der Reise ein Zeitraum von mehr als 4 Monaten liegt und der Reisekunde spätestens 21 Tage vor Beginn der Reise über die Preiserhöhung informiert wird.

*Gut zu wissen*
Verteuert sich der Reisepreis um mehr als 5 Prozent (aufgrund einer neuen EU-Pauschalreise-Richtlinie wird sich der Wert in nächster Zeit auf 8 Prozent erhöhen), hat der Reisekunde ein kostenfreies Rücktrittsrecht. Der Reisende muss in diesem Fall des Rücktritts also keine Stornokosten bezahlen.

## Leistungsänderungen

Häufiger sind die Fälle, in denen nach der Buchung Änderungen im Reiseverlauf (z.B. Routenänderungen) oder bei zugesagten Leistungen (Kabinenkategorie u.a.) vorgenommen werden. Umfangreiche Änderungen sind nicht zulässig, auch wenn sich der Reiseveranstalter in seinen AGB das Recht zu Änderungen vorbehält. Bei erheblichen Änderungen, d.h. wenn der Gesamtzuschnitt der Reise verändert wird, hat der

Kunde ein Kündigungsrecht nach § 651e BGB und kann gegebenenfalls Schadensersatz wegen entgangener Urlaubsfreude fordern. Weitere Informationen hierzu im Kapitel: **Kündigung des Reisevertrages**, Seite 51 ff

Sind es kleinere Änderungen, die eine Kündigung wegen fehlender Erheblichkeit nicht rechtfertigen würden, kann der Reisekunde bei unzumutbaren Änderungen dennoch kostenfrei vom Vertrag zurücktreten (§ 651a V BGB). In diesem Fall bekommt er den Reisepreis zurück, muss keine Stornokosten zahlen, hat aber, anderes als bei der Kündigung, keine weiteren Entschädigungsansprüche.

Beispiele:
- ► Ausfall eines Highlights einer Kreuzfahrt (z.B. besonders beworbener Landgang)
- ► umfangreiche Filmdreharbeiten an Bord

**Wichtige Rechtsvorschriften zu Änderungen vor der Reise:**

- ■ § 651a BGB (Inhalt des Reisevertrages, Vertragsänderungen)
- ■ § 651e BGB (Kündigung des Reisevertrages)
- ■ §§ 305 ff BGB (Regelungen für Allgemeine Geschäftsbedingungen)

**Urteile aus der »Würzburger Tabelle« zu Änderungen vor der Reise:**

- ■ Vor Beginn der Kreuzfahrt, Seite 121, 134 ff

... beachten Sie folgende Tipps:

■ Verlangt der Reiseveranstalter eine nachträgliche Preiserhöhung, kontrollieren Sie, ob die gesetzlichen Vorgaben eingehalten wurden. Wenn dies nicht der Fall ist, widersprechen Sie schriftlich der Erhöhung.

■ Bei einer Preiserhöhung um mehr als 5 Prozent können Sie vom Reisevertrag zurücktreten. Stornokosten fallen nicht an.

■ Kommt es vor Beginn der Reise zu einer Leistungsänderung, mit der Sie nicht einverstanden sind, verlangen Sie Vertragserfüllung und melden Sie bereits vor Reiseantritt mögliche Gewährleistungsansprüche (Minderung, Schadensersatz) an, die Sie nach der Reise beziffern. Gehen Sie dabei stets schriftlich vor.

■ Teilt Ihnen der Reiseveranstalter gravierende Änderungen der Kreuzfahrt mit, verlangen Sie ebenfalls Vertragserfüllung und erwägen Sie, den Reisevertrag wegen Mängeln zu kündigen. Weitere Informationen im Kapitel: **Kündigung des Reisevertrages, Seite 51 ff**

# KÜNDIGUNG DES REISE- VERTRAGES

# Wenn Ihre Kreuzfahrt gekündigt werden muss ...

Monatelang freut sich ein Reisekunde auf die gebuchte Kreuzfahrt, und dann kommt es zu einer unschönen Situation, aufgrund derer die Reise nicht angetreten werden kann oder abgebrochen werden muss. Das Reisevertragsrecht legt dem Reisenden für solche Fälle ein Kündigungsrecht an die Hand.

## Kündigung wegen Reisemängeln

§ 651e I BGB gewährt für den Reisekunden das folgenschwerste Recht, das er gegenüber dem Reiseveranstalter ausüben kann, nämlich die Kündigung des Reisevertrages wegen Reisemängeln. Eine Kündigung wegen Mängeln kann vor und während der Reise ausgesprochen werden.

Teilt der Reiseveranstalter eine Änderung der gebuchten Reiseleistungen mit, die so erheblich ist, dass es dem Reisekunden nicht mehr zumutbar ist, die Reise anzutreten oder auch fortzuführen, ist eine Kündigung des Reisevertrages gerechtfertigt. Die Mängel, die zu einer Kündigung führen, müssen demnach also immer erheblich sein.

Solche Fälle können z. B. sein:
▸ Der Reiseveranstalter sagt eine Kreuzfahrt ab, weil ein Schiff nicht zur Verfügung steht, z. B. weil es zur Reparatur

in der Werft liegt oder ein Schiffsneubau nicht rechtzeitig fertiggesellt.

- Eine vertraglich zugesagte Balkonkabine wird nicht zur Verfügung gestellt und nur eine Innenkabine als Abhilfe angeboten.
- Die Route der Reise wird umfangreich geändert.
- Die Reisedaten (Reisebeginn, Dauer) werden geändert.
- Ein vom Reiseveranstalter zu verantwortender Unfall an Bord führt zu einer schweren Verletzung des Reisenden.
- An Bord erleidet der Passagier eine Lebensmittelvergiftung.
- Es kommt zu einer Havarie des Schiffes.

Eine wirksame Kündigung des Reisevertrages setzt voraus, dass der Reisekunde zuvor ein Abhilfeverlangen mit Fristsetzung äußert. Diese formelle Voraussetzung ist entbehrlich, wenn eine Abhilfe unmöglich ist oder vom Reiseveranstalter bereits verweigert wurde.

*Rechtsfolge*

Wird die Reise berechtigt wegen Reisemängeln gekündigt, bekommt der Reisekunde seinen Reisepreis erstattet. Hat der Reiseveranstalter bereits Leistungen erbracht, kann er hierfür einen Geldbetrag fordern, soweit die Teilleistung für den Kunden von Interesse war.

Folgende Beispiele:
- Nach einer Woche auf dem Kreuzfahrtschiff kommt es zu massiven Mängeln, die erste Woche war aber mangelfrei. In diesem Fall muss der Kunde die Leistungen für die erste Woche bezahlen.
- Die Fluganreise zum Schiff gehört mit zum Reisevertrag, und das Kreuzfahrtschiff wird wegen einer größeren Flug-

verspätung verpasst. Der Kunde muss zurück nach Hause reisen. In diesem Fall muss der Reisekunde den Flug nicht bezahlen, da der Flug als solches für ihn nutzlos war.

Weitere Ansprüche des Kunden können bei einer Vertragskündigung Schadensersatz wegen unnützer oder zusätzlicher Aufwendungen und Schadensersatz wegen entgangener Urlaubsfreude sein. Bei einem Gesundheits- oder Körperschaden ist auch ein Anspruch auf Schmerzensgeld möglich.

## Kündigung wegen höherer Gewalt

Kommt es nach Reisebuchung zu einem Ereignis, das die Durchführung der Kreuzfahrt erheblich erschwert, beeinträchtigt oder gefährdet, kann der Reisekunde den Reisevertrag wegen höherer Gewalt kündigen. Dieses Recht, das in § 651j BGB niedergelegt ist, steht auch dem Reiseveranstalter zu.

Ein solches Ereignis darf bei Abschluss des Reisevertrages aber nicht vorhersehbar gewesen sein.

Ereignisse, die die Kündigung wegen höherer Gewalt rechtfertigen, sind z. B.:

- Krieg oder kriegsähnliche Zustände
- innere Unruhen
- Epidemien und Seuchen
- Naturkatastrophen
- Reaktorunfall
- umfangreiche Terroranschläge/massive Terrorgefahren

Ein Indiz für einen Fall von höherer Gewalt ist beispielweise eine Reisewarnung des Auswärtigen Amts.

*Informationen rund um die aktuelle Sicherheitslage in allen Ländern erhält man unter:* www.auswaertiges-amt.de

### Gut zu wissen

Einzelne Terroranschläge in den Zielgebieten einer Kreuzfahrt rechtfertigen in der Regel jedoch keine Kündigung wegen höherer Gewalt.

### Rechtsfolgen

Die Folgen im Fall einer Kündigung wegen höherer Gewalt sind andere als bei einer Kündigung wegen Reisemängeln.

Der Reisekunde hat zwar ebenfalls Anspruch auf Rückzahlung des Reisepreises, der Reiseveranstalter darf aber für bereits erbrachte Leistungen eine Entschädigung verlangen, selbst wenn die Leistungen für den Urlauber ohne Interesse sind.

Kommt es zu einer vorzeitigen Abreise, kann der Reiseveranstalter zudem die dabei entstehenden Mehrkosten zur Hälfte dem Reisekunden auferlegen (aufgrund einer neuen EU-Pauschalreise-Richtlinie wird sich in nächster Zeit eine Änderung zugunsten des Reisenden ergeben und er muss keine Mehrkosten tragen).

**Wichtige Rechtsvorschriften zur Kündigung der Reise:**

- § 651e BGB (Kündigung wegen Reisemangel)
- § 651j BGB (Kündigung wegen höherer Gewalt)
- § 651f BGB (Schadensersatzansprüche des Reisenden)

Urteile aus der »Würzburger Tabelle« zur Kündigung der Reise:

- Vor Beginn der Kreuzfahrt, Seite 126 f

... beachten Sie folgende Tipps:

- Informieren Sie sich vor Buchung der Kreuzfahrt beim Auswärtigen Amt über die Sicherheitslage in den Ländern, deren Häfen angelaufen werden.

- Teilt der Reiseveranstalter vor Beginn der Reise gravierende Änderungen mit und Sie sind damit nicht einverstanden, widersprechen Sie schriftlich den Änderungen und bestehen Sie auf Vertragserfüllung. Wenn Sie die Reise dennoch antreten, behalten Sie sich das Recht zur Preisminderung und Schadensersatzforderung ausdrücklich vor.

- Sind die Änderungen gravierend, ziehen Sie in Erwägung, die Reise wegen Mängeln zu kündigen. Bevor Sie eine Kündigung des Vertrages aussprechen, verlangen Sie Abhilfe und drohen Sie eine mögliche Kündigung des Reisevertrages an. Sprechen Sie dabei ausdrücklich von einer Kündigung, nicht von einer Stornierung.

- Kommt es auf Ihrer Kreuzfahrt zu Reisemängeln, reklamieren Sie diese sofort und verlangen Sie Abhilfe.

# START
# DER REISE

# Wenn Ihre Anreise zum Schiff Probleme macht ...

Gehören die Anreise zum Kreuzfahrtschiff oder die Rückreise zum Wohnort mit zum Inhalt des Reisevertrages, ist der Passagier bei Problemen auf der sicheren Seite. Kommt es zu Verzögerungen, verspätet sich der Flug zum Schiff oder steckt der Transferbus im Stau, muss der Reiseveranstalter dafür Sorge tragen, dass die Kreuzfahrt dennoch wie vertraglich vereinbart durchgeführt wird.

Muss der Passagier wegen einer Flugverspätung zu einem anderen Hafen anreisen, weil das Schiff nicht mehr warten konnte, liegt ein Reisemangel vor, für dessen Folgen der Reiseveranstalter aufkommen muss. Die Mehrkosten für die Fahrt oder für den Flug zum nächsten Hafen muss der Reiseveranstalter tragen und zusätzlich eine Preisminderung gewähren.

Es ist für den Passagier also ratsam, ein Komplettpaket beim Reiseveranstalter zu buchen. Denn wer seine An- und Abreise individuell plant, trägt allein das Risiko, rechtzeitig zum Ablegen des Schiffes im Hafen zu sein.

*Gut zu wissen*
Kommt es auf der Anreise zum Schiff oder auf der Fahrt vom Schiff nach Hause zu Problemen, kann der Urlauber gegebenenfalls auch das jeweilige Verkehrsunternehmen (z.B. Fluggesellschaft, Bahn) in die Haftung nehmen.

# Flug

Für sämtliche Flüge ab einem Flughafen in der EU und für Flüge mit einer Fluggesellschaft mit Sitz in der EU von einem Drittstaat in die EU (z. B. USA–Deutschland mit Lufthansa) gelten die EU-Fluggastrechte.

Die Fluggastrechte gelten für jeden Passagier, egal welche Nationalität, Buchungsklasse, ob Pauschaltourist, Individual- oder Geschäftsreisender.

Die Ansprüche, die Passagiere nach den EU-Fluggastrechten haben, sind umfangreich.

Kommt es zu größeren Verspätungen (ab 2 Stunden auf der Kurzstrecke, 3 Stunden auf der Mittelstrecke und 4 Stunden auf der Langstrecke), muss die Airline kostenfrei Betreuungs- leistungen erbringen, z. B. Mahlzeiten und Getränke und bei Wartezeiten über Nacht auch ein Hotelzimmer und einen Transfer zum Hotel zur Verfügung stellen.

Im Fall einer Verspätung ab 3 Stunden oder Annullierung muss die Fluggesellschaft auch sogenannte Ausgleichszahlun- gen leisten, es sei denn, sie kann sich auf außergewöhnliche Umstände (z. B. schlechtes Wetter, Fluglotsenstreik, Terror- warnung u. a.) berufen. Einen solchen Zahlungsanspruch hat der Passagier auch, wenn er wegen einer Überbuchung des Fluges nicht mitgenommen wird.

Die Entschädigungshöhe richtet sich nach der Länge der Flug- strecke und beträgt:

250,00 € – bei Flügen bis 1.500 km
400,00 € – bei Flügen zwischen 1.500 und 3.500 km und
allen anderen Flügen innerhalb der EU
600,00 € – bei anderen Flügen über 3.500 km

Dieser Zahlungsanspruch richtet sich allein gegen die Fluggesellschaft, nicht gegen den Reiseveranstalter.

Kommt es aus dem Verantwortungsbereich (Verschulden) der Fluggesellschaft zu Flugverspätungen oder Flugausfällen und erleidet der Passagier dadurch einen Schaden, kann der Passagier eine zusätzliche Entschädigung fordern. Verzögert sich der Flug allerdings z. B. wegen schlechten Wetters, einer Vulkanaschewolke oder eines Fluglotsenstreiks, besteht kein Anspruch.

Bei größeren Verspätungen bzw. Flugausfällen können sich für den Reisekunden gegen den Reiseveranstalter zudem Gewährleistungsansprüche aus dem Reisevertrag ergeben, soweit die Flugbeförderung Vertragsbestandteil des Reisevertrages ist.

*Weitere Informationen zu den EU-Fluggastrechten unter:*
www.lba.de          (Luftfahrtbundesamt)
www.soep-online.de (Schlichtungsstelle für den Personenverkehr)

## Bahn

Wenn der Reisende mit der Bahn zum Hafen und zurück fährt, hat er gegenüber dem Bahnunternehmen Ansprüche, wenn es zu Problemen kommt. Die EU-Verordnung Nr. 1371/2007 enthält umfangreiche Rechte für Bahnreisende.

Der Ticketpreis für ein gekauftes Bahnticket kann um 25 Prozent gemindert werden, wenn es zu einer Verspätung von 60 bis 119 Minuten kommt. Ab einer Verspätung von 120 Minuten besteht ein Anspruch auf 50 Prozent.

Ist die Abfahrt bereits mehr als 60 Minuten verspätet, kann der Bahnkunde sein Ticket auch zurückgeben und den vollen Fahrpreis erstattet verlangen.

Bei mehr als einer Stunde Verspätung sind dem Bahnkunden kostenfrei Mahlzeiten und Erfrischungen anzubieten, soweit diese lieferbar, d.h. verfügbar, sind.

*Gut zu wissen*

Verpasst der Bahnkunde wegen einer Zugverspätung seinen Flug zum Schiff oder kommt der Zug zu spät in der Hafenstadt an und das Kreuzfahrtschiff hat bereits abgelegt, kann das Bahnunternehmen aufgrund gesetzlicher Regelungen, anders als beim Flug, nicht schadensersatzpflichtig gemacht werden. Auch aufgrund dieser Einschränkung spricht viel dafür, die Anreise zum Schiff als Paket beim Reiseveranstalter zu buchen.

*Weitere Informationen zu den EU-Fahrgastrechten unter:*
www.bahn.de/Fahrgastrechte
www.soep-online.de (Schlichtungsstelle für den Personenverkehr)

# Rail & Fly

Bei Fluganreisen zum Schiff ist oftmals eine Bahnfahrt zum Flughafen integriert, ohne dass der Reisende einen Aufpreis zahlen muss und auf einen bestimmten Zug festgelegt wird. Bei solchen sogenannten Rail&Fly-Angeboten sollte der Reisende genügend Zeit einplanen und einen Zug wählen, der frühzeitig, also etwa drei Stunden vor dem Einchecken, am Flughafen ankommt. Kalkuliert man zu knapp und kommt es zu einer Verspätung und der Reisende verpasst den Flug, kann der Reiseveranstalter oftmals nicht haftbar gemacht werden.

**Wichtige Rechtsvorschriften zur An- und Abreise:**

- § 651c BGB (Reisemangel)
- Verordnung EG Nr. 261/2004 (Fluggastrechte)
- Verordnung EG Nr. 1107/2006 (Rechte von Flugreisenden mit eingeschränkter Mobilität)
- Verordnung EG Nr. 1371/2007 (Bahn-Fahrgastrechte)

**Urteile aus der »Würzburger Tabelle« zur An- und Abreise:**

- Anreise zum Schiff/Rückreise vom Schiff, Seite 139 ff

... beachten Sie folgende Tipps:

■ Buchen Sie die Anreise zum Schiff und die Rückreise zu Ihrem Wohnort mit als Paket beim Reiseveranstalter. Kommt es dann zu Problemen, haftet der Reiseveranstalter.

■ Kommt es auf der Anreise zum Schiff zu Problemen, informieren Sie sofort Ihren Reiseveranstalter.

■ Geht Ihr Koffer auf dem Flug zum Schiff verloren, machen Sie sofort eine Verlustanzeige bei der Fluggesellschaft und informieren Sie Ihren Reiseveranstalter.

# GEPÄCK-PROBLEME

# Wenn Ihr Koffer verloren geht oder beschädigt wird ...

Besonders ärgerlich für den Urlauber ist es, wenn es bei der Anreise zum Schiff Probleme mit dem Gepäck gibt, beispielsweise aufgegebenes Fluggepäck nicht am Zielflughafen ankommt. Es kann aber auch vorkommen, dass nach dem Einchecken auf dem Kreuzfahrtschiff das Gepäck nicht zur Kabine gebracht wird und unauffindbar ist.

Gehört die Anreise per Flug mit zum Reisevertrag, haftet der Reiseveranstalter auch für die ordnungsgemäße Beförderung der Koffer. Gehen sie verloren, kommen verspätet oder beschädigt an, kann nicht nur die Fluggesellschaft, sondern auch der Reiseveranstalter für den Schaden haftbar gemacht werden. Dem Reisenden steht gegebenenfalls auch zusätzlich eine Minderung des Reisepreises zu. Kommt es während der Ein- oder Ausschiffung zum Verlust oder zur Beschädigung des Gepäcks, haftet der Reiseveranstalter ebenfalls.

## Schadensmeldung

Kommt es zum Verlust des aufgegebenen Fluggepäcks oder ist es beschädigt, sollte der Reisende dieses sofort bei der Fluggesellschaft am Flughafen melden. Zum einen kann sofort eine weltweite Suche nach dem Gepäck eingeleitet werden, zum anderen dient die Anzeige bei beschädigtem Gepäck der Beweissicherung.

Sind bei der Einschiffung Gepäckprobleme zu beklagen, sollte umgehend die Rezeption an Bord verständigt werden. In beiden Fällen sollte auch der Reiseveranstalter informiert werden.

### Ersatzkleidung u. a.

Für die Zeit ohne Gepäck kann sich der Reisekunde notwendige Ersatzkleidung und Hygieneartikel kaufen.

Der Reiseveranstalter ist dabei angehalten, für notwendige Kosten einen Vorschuss zu leisten, soweit der vorübergehende oder gänzliche Verlust des Gepäcks aus seinem Verantwortungsbereich kommt.
Das wird aber nur selten praktiziert.

Der Reisekunde muss insoweit in Vorleistung treten und gegen Quittungsvorlage die Erstattung von Kosten vom Reiseveranstalter bzw. der Fluggesellschaft fordern. Der Reisekunde muss dabei aber seine ihm obliegende Schadensminderungspflicht beachten, d.h. er darf sich nur notwendigen Ersatz kaufen und muss dabei auf angemessene Preise achten.

Zudem gelten nach internationalem Recht Haftungshöchstgrenzen, auf die sich eine Fluggesellschaft und auch ein Reiseveranstalter berufen können. Geht das Gepäck im Rahmen des Fluges für immer verloren oder kommt es verspätet an, muss maximal eine Entschädigung von ca. 1.400,00 € geleistet werden.

**Urteile aus der »Würzburger Tabelle« zu Gepäckproblemen:**

- Anreise zum Schiff/Rückreise vom Schiff, Seite 147 ff

**... beachten Sie folgende Tipps:**

- Befestigen Sie einen Adressanhänger an Ihrem Koffer und legen Sie auch einen Zettel mit Ihrer Anschrift und Mobilfunknummer in den Koffer.

- Melden Sie einen Gepäckverlust oder eine Beschädigung sofort am Flughafen bei der Fluggesellschaft. Lassen Sie sich die Verlust- bzw. Schadensmeldung schriftlich bestätigen.

- Wird Ihr Gepäck beschädigt an Bord gebracht oder fehlt es gänzlich, informieren Sie sofort die Ansprechpartner an Bord (Rezeption, Gästebetreuung).

- Bei Problemen mit dem Gepäck informieren Sie umgehend auch immer Ihren Reiseveranstalter.

- Beim Kauf von Ersatzkleidung u. a. achten Sie auf angemessene Ausgaben. Bewahren Sie alle Quittungen auf.

- Beachten Sie die kurzen Fristen zur Schadensmeldung bei Gepäckschäden. Hierzu Kapitel: **Richtig reklamieren,** Seite 87 ff

- Wenn Sie die Kosten für Ersatzkleidung ersetzt haben möchten und der Haftungsgegner bietet nur eine Teilerstattung mit dem Hinweis an, dass Sie die Kleidung weiter tragen können, müssen Sie das nicht zwangsläufig akzeptieren. Bieten Sie in solchen Fällen an, dass Sie die Ersatzkleidung dem Haftungsgegner zur Verfügung stellen.

# ABHILFE BEI REISEMÄNGELN

# Wenn Sie sich an Bord über Mängel ärgern ...

Sind während der Kreuzfahrt Mängel zu beklagen, ist es wichtig, dass der Reisende diese sofort bei der Reiseleitung an Bord moniert. Im Reisevertragsrecht ist ausdrücklich geregelt (§ 651d II BGB), dass ein Reiseveranstalter keine Preisminderung zahlen muss, wenn es der Urlauber schuldhaft unterlässt, auf festgestellte Reisemängel hinzuweisen.

Durch die Pflicht zur Mängelrüge soll dem Reiseveranstalter die Möglichkeit gegeben werden, für Abhilfe sorgen zu können, d.h. den oder die Mängel abzustellen.

Eine Mängelrüge ist nur dann entbehrlich, wenn Abhilfemaßnahmen nicht möglich sind oder vom Reiseveranstalter von vornherein verweigert werden.

Beispiele:
▸ An Bord wird mitgeteilt, dass ein zugesagter Hafen nicht angelaufen wird.
▸ Ein zugesagtes Spezialitätenrestaurant an Bord ist geschlossen.
▸ Das versprochene abendliche Showprogramm fällt aus.

*Gut zu wissen*

Nach der BGB-Informationspflichten-Verordnung (BGB-InfoV) muss der Reiseveranstalter den Reisekunden über die Pflicht zur Mängelanzeige informieren. Das macht er in der Regel durch einen Hinweis in den Reiseunterlagen. Fehlt die Information, kann sich der Reiseveranstalter bei einer Reklamation nicht auf eine fehlende Mängelrüge des Kunden berufen.

## Mängelprotokoll

Der Reisende sollte immer ein Mängelprotokoll anfertigen, am sinnvollsten zusammen mit der Reiseleitung. Zwar ist die Reiseleitung nicht dazu verpflichtet, ein Protokoll anzufertigen und zu unterschreiben, aber es ist für eine vernünftige Reklamationsbearbeitung für beide Vertragsparteien sehr dienlich.

Im Protokoll sollten folgende Punkte aufgeführt werden:

- Schiffsname inkl. Reisedaten
- Buchungsnummer
- Name des Reisekunden
- Name des Ansprechpartners des Reiseveranstalters
- Datum der Mängelanzeige
- Sämtliche festgestellten Mängel
- Abhilfeangebote des Reiseveranstalters
- Unterschriften der Gesprächspartner

## Abhilfe

Der Reisekunde muss beim Auftreten von Mängeln Abhilfe fordern.

Die Abhilfe seitens des Reiseveranstalters hat stets kostenfrei zu erfolgen, auch wenn der Reisekunde eine höherwertige Leistung erhält.

Beispiel:

▶ Steht eine vertraglich vereinbarte Innenkabine wegen Überbuchung nicht zur Verfügung und der Kunde erhält als Abhilfe eine Balkonkabine, darf der Reiseveranstalter dafür keinen Aufpreis verlangen.

Reagiert der Reiseveranstalter nicht auf ein Abhilfeverlangen, kann der Reisekunde Selbstabhilfe vornehmen und die dabei für ihn entstehenden Kosten vom Reiseveranstalter zurückverlangen.

Beispiel:

▶ Die Anreise per Flug zum Schiff gehört mit zum Reisevertrag. Der Flug ist überbucht, und der Reisekunde muss sich selbst einen Ersatzflug buchen. Die zusätzlichen Kosten können als Schadensersatz verlangt werden.

Der Reisende hat aber eine Schadensminderungspflicht, d.h. die Ausgaben müssen zurückhaltend vorgenommen werden und angemessen sein.

**Wichtige Rechtsvorschriften zu Reisemängeln:**

■ § 651c BGB (Reisemängel/Abhilfe)
■ § 651d II BGB (Mängelanzeige)

- §§ 4 BGB-InfoV (Informationspflichten für Reiseveranstalter)

**Urteile aus der »Würzburger Tabelle« zu Reisemängeln:**

- Vor Beginn der Kreuzfahrt, Seite 120 ff
- Anreise zum Schiff/Rückreise vom Schiff, Seite 139 ff
- Start der Kreuzfahrt, Seite 150 ff
- Schiffskabine, Seite 154 ff
- Schiffsausstattung, Seite 158
- Während der Kreuzfahrt – an Bord, Seite 159 ff
- Während der Kreuzfahrt – außerhalb des Schiffes,
  Seite 176 ff
- Ende der Kreuzfahrt, Seite 185
- Schäden am Schiff, Seite 186 ff

**... beachten Sie folgende Tipps:**

- Rügen Sie festgestellte Mängel sofort an Bord
  und verlangen Sie Abhilfe.

- Fertigen Sie ein Mängelprotokoll an, listen Sie
  alle Mängel auf und lassen Sie es nach Möglichkeit von der Reiseleitung unterschreiben.

- Sammeln Sie für eine spätere Reklamation Beweise.
  Fertigen Sie Fotos oder einen Film an und notieren

Sie Namen und Anschrift von Zeugen (Mitreisende). Bewahren Sie auch an Bord erhaltene Dokumente, z.B. Informationsblatt über eine Routenänderung u.a., auf.

- Entstehen Ihnen wegen des Reisemangels Kosten, lassen Sie sich Belege ausstellen und bewahren Sie die Quittungen auf.

- Beachten Sie nach Ihrer Reise die Reklamationsfristen. Nähere Informationen im Kapitel: **Richtig reklamieren,** Seite 87 ff

- Wenn Sie Selbstabhilfe vornehmen, beachten Sie bei Ihren Ausgaben die Ihnen obliegende Schadensminderungspflicht.

# ERKRANKUNG AUF DER REISE

# Wenn Sie auf Ihrer Kreuzfahrt krank werden ...

Wie auf jeder anderen Reise kann es vorkommen, dass ein Urlauber auch auf der Kreuzfahrt krank wird. Ein flaues Magengefühl aufgrund von Wellengang oder eine echte Seekrankheit gehören wie Erkältungskrankheiten zum allgemeinen Lebensrisiko. Dafür kann der Reiseveranstalter nicht haftbar gemacht werden. Gesundheits- und Körperschäden beim Urlauber können aber durchaus auch in den Verantwortungsbereich des Reiseveranstalters fallen.

## Erkrankungen an Bord

Kommt es an Bord zu einer Erkrankung (z. B. Lebensmittelvergiftung) und ist diese nachweislich auf ein Verschulden des Reiseveranstalters bzw. des Schiffbetreibers zurückzuführen, z. B. weil Hygienestandards nicht eingehalten wurden, liegt ein Reisemangel vor, der Gewährleistungs- und Schmerzensgeldansprüche des Reisekunden begründet.

Einen entsprechenden Beweis zu führen, ist aber für einen Reisekunden in vielen Fällen nur schwer möglich und manchmal gänzlich unmöglich. Die Rechtsprechung hat aus diesem Grund den sogenannten Anscheinsbeweis entwickelt. Leiden beispielsweise eine hohe Anzahl von weiteren Passagieren auf einem Kreuzfahrtschiff an einer Magen-Darm-Erkrankung

(z. B. 22 % der Passagiere, Landgericht Frankfurt, Az. 2/24 O 126/10), spricht der Anschein dafür, dass die Ursache an Bord des Schiffes liegt; der Reisende kann folglich den Beweis führen.

## Unfälle an Bord

Rutscht der Passagier an Bord aus oder stolpert über ein Hindernis, muss der Reiseveranstalter für die Folgen haften, wenn ihm ein schuldhaftes Verhalten oder Unterlassen vorzuwerfen ist. Man spricht dabei von der Verletzung einer Verkehrssicherungspflicht.

Beispiele:
- Sturz auf einer zuvor gewischten und noch feuchten Marmortreppe im Schiff (ohne Warnschild)
- Ausrutschen und Verletzungen durch Glasscherben im Poolbereich

Der Reiseveranstalter haftet nicht, wenn sich beim Unfall das sogenannte Allgemeine Lebensrisiko verwirklicht. Es handelt sich um eine Unfallsituation, die nicht der Risikosphäre des Veranstalters zuzuordnen ist, sondern jedem Menschen zu jeder Zeit passieren kann.

Beispiele:
- Sturz aus der Hängematte auf dem Balkon der Kabine
- Sturz bei Seegang
- Sturz beim Sport (ohne Defekt am Sportgerät)
- Ausrutschen bei Nässe am Poolbereich

# Schiffsarzt

Der Schiffsarzt gehört zwar zur Besatzung und ist auf einem Kreuzfahrtschiff zwingend vorgeschrieben, gleichwohl hat ein Reiseveranstalter aber mit der ärztlichen Behandlung nichts zu tun, d. h. die ärztliche Behandlung des Reisekunden gehört nicht zu den Leistungen des Reisevertrages.

Der Passagier schließt bei der ärztlichen Behandlung einen eigenen Vertrag mit dem Schiffsarzt ab. Kommt es zu einem Behandlungsfehler oder einer Fehldiagnose, kann der Reiseveranstalter nicht in die Haftung genommen werden, sondern der Arzt ist der Haftungsgegner.

*Gut zu wissen*
Die Behandlung an Bord muss der Urlauber in der Regel sofort bezahlen.

Der Reisekunde sollte darauf achten, dass er für eine Auslandsreise ausreichenden Krankenschutz hat. Für gesetzlich Versicherte übernimmt die Krankenkasse einen Teil- oder die Gesamtkosten einer Behandlung an Bord außerhalb der EU nur, wenn das Schiff unter einer Flagge der EU fährt. Privatversicherte sollten sich vor der Reise bei ihrer Krankenkasse über ihren Krankenversicherungsschutz im Ausland informieren.

Weitere Informationen im Kapitel: **Gut abgesichert sein,** Seite 6 ff

Urteile aus der »Würzburger Tabelle« zu Erkrankungen auf der Reise:

- Während der Kreuzfahrt – an Bord, Seite 166 ff

**… beachten Sie folgende Tipps:**

- Überprüfen Sie vor Reisebeginn, ob Sie für eine Auslandsreise ausreichend krankenversichert sind. Informieren Sie sich bei Ihrer Krankenkasse. Schließen Sie gegebenenfalls eine zusätzliche Auslandskrankenversicherung und Unfallversicherung ab.

- Nehmen Sie Ihre Krankenversicherungskarte und Ihren Impfpass mit auf die Reise.

- Wenn Sie auf Medikamente angewiesen sind, nehmen Sie auch eine zusätzliche »Notration« mit. Bei einer Anreise zum Schiff per Flugzeug transportieren Sie Ihre Medikamente im Handgepäck. Nehmen Sie auch die Beipackzettel mit, um bei ausländischen Zollbehörden einen Nachweis über die Inhaltsstoffe der Medikamente führen zu können.

- Wenn Sie an einer chronischen Erkrankung leiden, nehmen Sie ein Attest Ihres Hausarztes mit, damit der Schiffsarzt schnell informiert ist. Reisen Sie auf einem Schiff ohne deutschsprachige Betreuung, lassen Sie sich das Attest zuvor auf Englisch übersetzen.

- Sollten an Bord mehrere Passagiere dasselbe Krankheitsbild aufweisen und sind Sie auch betroffen, notieren Sie sich Namen und Anschriften von erkrankten Passagieren, damit Sie nach der Reise Zeugen benennen können.

- Desinfizieren Sie sich an Bord regelmäßig Ihre Hände.

- Wenn Sie an Bord oder im Ausland zum Arzt müssen, lassen Sie sich jeweils eine detaillierte Rechnung ausstellen und informieren Sie auch Ihre Krankenversicherung.

- Sind Sie Arbeitnehmer und erkranken auf der Kreuzfahrt, informieren Sie unverzüglich auch Ihren Arbeitgeber. Urlaubstage, an denen Sie nachweislich arbeitsunfähig erkrankt sind, werden nicht auf den Jahresurlaub angerechnet. Sind Sie gesetzlich versichert, informieren Sie vom Urlaubsort aus auch Ihre Krankenkasse.

# NACH
# DER REISE

# Entschädigungsansprüche bei Reisemängeln u. a.

Kommt es auf der Kreuzfahrt zu Mängeln, können sich Gewährleistungs- und weitergehende Schadensersatzansprüche für den Reisekunden ergeben. Die Höhe der Minderung oder Entschädigung richtet sich jeweils nach dem konkreten Einzelfall.

## Erstattung des Reisepreises

Wird die Reise wegen Reisemängeln gekündigt (§ 651e I BGB), hat der Reisende Anspruch auf Erstattung des Reisepreises. Für bereits erbrachte Leistungen kann der Reiseveranstalter aber eine Entschädigung verlangen, wenn die Leistungen für den Urlauber von Nutzen waren. Eine solche Entschädigung kann der Reiseveranstalter auch im Fall einer Kündigung wegen höherer Gewalt (§ 651j I BGB) verlangen. In diesem speziellen Fall kommt es beim Entschädigungsanspruch des Reiseveranstalters aber nicht darauf an, ob die bislang erbrachten Leistungen einen Wert oder Nutzen für den Reisenden hatten.

## Preisminderung

Für die Zeit, in der ein Reisemangel vorliegt, kann der Reisende nach § 651d I BGB eine Preisminderung fordern. Die Preisminderung wird anhand des Gesamtreisepreises errechnet. Gehört also die Fluganreise mit zum Reisevertrag, werden auch die Kosten für den Flug in den Gesamtreisepreis einbezogen.

Eine Preisminderung ist auch begründet, wenn dem Reiseveranstalter keinerlei Verschulden am Mangel vorzuwerfen ist.

Beispiele:
▸ Ein zugesagter Hafen kann wegen schlechten Wetters nicht angelaufen werden.
▸ Routenänderung aufgrund von Sturmschäden am Schiff

Wie hoch eine Reisepreisminderung sein kann, hängt vom Einzelfall ab. In der »Würzburger Tabelle zum Reiserecht bei Kreuzfahrten« (www.würzburger-tabelle.de) finden sich zahlreiche Beispiele.

*Weitere nützliche Tabellen bei Reisemängeln sind:*
Kemptener Reisemängeltabelle (www.fuehrich.de)
ADAC-Tabelle zur Preisminderung bei Reisemängeln
(www.adac.de, Rubrik: Reise & Freizeit/Ratgeber Reise)

*Gut zu wissen*
Manchmal bieten Reiseveranstalter bei Reisemängeln einen Reisegutschein an. Diesen muss der Kunde aber als Entschädigungsleistung nicht akzeptieren. Bei minderungsfähigen Reisemängeln hat der Reisekunde gegen den Reiseveranstalter einen Geldanspruch. Übersendet der Reiseveranstalter einen Scheck und der Kunde ist mit der Höhe nicht einverstanden, sollte er ihn nicht einlösen bzw. vorher mitteilen, dass die Einlösung nur unter Vorbehalt erfolgt und als Anzahlung dient.

# Schadensersatz

Neben einer Rückerstattung des Reisepreises oder Preisminderung können dem Urlauber auch Ansprüche auf Schadensersatz gegen den Reiseveranstalter zustehen. Bei diesen Ersatzansprüchen ist aber stets Voraussetzung, dass dem Reiseveranstalter ein Verschulden vorgeworfen werden kann.

## Schadensersatz wegen Vermögensschäden

Führt ein Reisemangel dazu, dass dem Reisenden zusätzliche Kosten entstehen, so muss der Reiseveranstalter diese Ausgaben nach § 651f I BGB erstatten. Ein solcher Erstattungsanspruch kann beispielsweise für folgende Fälle bestehen:

- Ersatz für beschädigtes oder verloren gegangenes Gepäck
- Kostenerstattung für Ersatzkleidung bei Gepäckproblemen
- Arztkosten wegen Gesundheits- und Körperschäden
- Reisekosten für vergebliche Anreise zum Schiff
- Mehrkosten für vorzeitige Abreise
- Mehrkosten für eine Ersatzreise

## Schadensersatz für entgangene Urlaubsfreude

Ist die Reise durch ein Verschulden des Reiseveranstalters erheblich beeinträchtigt oder wird sie völlig vereitelt, hat der Reisende nach § 651 f II GB Anspruch auf Schadensersatz wegen nutzlos aufgewendeter Urlaubszeit, umgangssprachlich bezeichnet als »entgangene Urlaubsfreude«. Die Höhe des Anspruches richtet sich nach dem Grad der Beeinträchtigung und wird von Gerichten in der Regel zugesprochen, wenn die Reisemängel zu einer Preisminderung von 50 Prozent und mehr führen. Die Höhe der Entschädigung orientiert sich zumeist an der festgesetzten Minderungshöhe.

Fällt eine Reise völlig aus, muss der Reiseveranstalter zudem den Frust und die Enttäuschung des Urlaubers entschädigen.

50 Prozent des Reisepreises ist als Entschädigungshöhe in diesem Fall vor Gericht schon oft zugesprochen worden. Der Autor vertritt die Ansicht, dass bei einer völligen Vereitelung des Urlaubs sogar 100 Prozent des Reisepreises als Entschädigungshöhe gerechtfertigt ist.

## Haftungshöchstgrenzen

Nach § 651h BGB kann ein Reiseveranstalter vertragliche Schadensersatzleistungen auf den dreifachen Reisepreis begrenzen, soweit es sich nicht um Körperschäden handelt. Das muss aber ausdrücklich mit dem Reisekunden vereinbart werden. Zumeist bedient sich der Reiseveranstalter dabei seiner Allgemeinen Geschäftsbedingungen (AGB), die aber wirksam in den Vertrag einbezogen werden müssen.

Eine andere Haftungsbeschränkung ergibt sich, wenn sich der Reiseveranstalter auf internationale Vorschriften berufen kann, die eine Haftungsgrenze vorsehen.

Für den Reisenden bedeutet das zum Beispiel:
► Bei Fluggepäckschäden greifen in den meisten Fällen die Haftungsregeln des sogenannten Montrealer Übereinkommens,

das vorsieht, dass eine Haftungsgrenze von ca. 1.400,00 € besteht.

▶ Wird auf dem Schiff Kabinengepäck beschädigt oder geht es verloren, besteht nach den Haftungsregeln des sogenannten Athener Übereinkommens eine Haftungsbeschränkung von ca. 2.800,00 €.

## Schmerzensgeld

Kommt der Urlauber durch ein Verschulden des Reiseveranstalters gesundheitlich oder körperlich zu Schaden, so kann sich ein Schmerzensgeldanspruch ergeben. Das kann beispielsweise bei einer Lebensmittelvergiftung oder auch bei einem Unfall an Bord der Fall sein.

**Wichtige Rechtsvorschriften:**

- § 651d BGB (Minderung des Reisepreises)
- § 651e BGB (Kündigung wegen Reisemangels)
- § 651f BGB (Schadensersatz)
- § 651h BGB (Haftungshöchstgrenzen)
- § 651j BGB (Kündigung wegen höherer Gewalt)
- § 253 II BGB (Schmerzensgeld)
- §§ 305 ff BGB (Regelungen für Allgemeine Geschäftsbedingungen)
- Montrealer Übereinkommen (Haftungsregeln bei Schadensfällen/Flug)
- Athener Übereinkommen (Haftungsregeln bei Schadensfällen/Schiff)

# RICHTIG REKLAMIEREN

# Wenn Sie nach der Reise Ansprüche geltend machen möchten ...

Kommt der Urlauber enttäuscht und verärgert von seiner Kreuzfahrt zurück, stehen ihm bei begründeten Reisemängeln Gewährleistungsansprüche zu.

War beispielsweise die Kabine dreckig, die zugesagte Klimaanlage in der Kabine defekt, wurde ein versprochener Hafen nicht angelaufen oder fand das vertraglich vereinbarte Animations- oder Unterhaltungsprogramm an Bord nicht statt, kann der Urlauber eine begründete Reklamation beim Reiseveranstalter vortragen.

Anwaltlicher Hilfe muss man sich bei kleineren Mängeln und der Forderung nach einer Preisminderung nicht unbedingt bedienen.

Bei größeren Schadensfällen, wenn der Reisende z.B. einen körperlichen Schaden erlitten hat oder die Reise wegen erheblicher Mängel gekündigt werden musste, sollte man sich aber kompetenten Rechtsrat einholen.

*Gut zu wissen*

Rechtlichen Rat bei Problemen auf Kreuzfahrten bekommt man bei den Verbraucherzentralen oder von auf das Reiserecht spezialisierten Rechtsanwälten.

*Im Internet findet man Ansprechpartner und Infos zum Reise-*
*recht bei Kreuzfahrten unter:*
www.rodegra-law.de
www.würzburger-tabelle.de
www.verbraucherzentrale.de (Rubrik: Reise, Freizeit + Mobilität)
www.anwaltverein.de
www.adac.de (Rubrik: Reise & Freizeit/Ratgeber Reisen)

## Inhalt der Reklamation

Bei Einreichung der Reklamation muss der Reisende einige
Formalien beachten.

Der Urlauber kann zwar in seiner Reklamation natürlich auch
seine Verärgerung zum Ausdruck bringen, dennoch sollte
die Beschwerde sachlich vorgetragen werden und folgende
Punkte beinhalten:

- Bereits in der Einleitung darauf hinweisen, dass es sich um
  eine Reklamation handelt,
- sämtliche Mängel genau beschreiben,
- eine Forderung stellen,
- ggf. Fotos, DVD, Mängelprotokoll vorlegen.

*Gut zu wissen*

Eine kurz gefasste und detaillierte Beschwerde wird in vielen
Fällen schneller bearbeitet als ein über viele Seiten geschrie-
bener Reisebericht. An eine Forderung, die der Kunde stellt
bzw. beziffert, ist er nicht gebunden, d.h. sollte eine Auseinandersetzung mit dem Reiseveranstalter länger andauern

oder vor Gericht gehen, kann der geforderte Betrag durchaus erhöht werden.

## Fristen

Nach § 651g I BGB muss der Reisende innerhalb von einem Monat nach dem vertraglichen Ende der Reise seine Gewährleistungsansprüche (Minderung, Schadensersatz) beim Reiseveranstalter geltend machen. Es handelt sich dabei um eine sogenannte Ausschlussfrist. Es gilt dabei der rechtzeitige Eingang der Reklamation beim Reiseveranstalter, nicht das Datum der Absendung. Endet die Reise beispielsweise am 30.04. muss das Beschwerdeschreiben spätestens am 30.05. beim Reiseveranstalter eingehen.

Da der Reisekunde die Einhaltung der Frist beweisen muss, empfiehlt es sich, einen Brief per Einschreiben/Rückschein zu senden, wenngleich auch eine mündliche Beschwerde ausreicht, sich jedoch dann Beweisprobleme bezüglich der Einlegung und der Fristeinhaltung stellen können.

Die recht kurze Frist dient dazu, dass der Reiseveranstalter die Möglichkeit hat, zeitnah eine Überprüfung der Mängelpunkte vorzunehmen.

Wird die Ausschlussfrist verpasst, ist man mit seinen Ansprüchen ausgeschlossen. Ein »Rettungsring« ist nur greifbar, wenn der Reiseveranstalter den Kunden nicht über diese wichtige Frist informiert hat, denn dazu ist er nach der BGB-Informationspflichten-Verordnung (BGB-InfoV) verpflichtet. Aber ein solcher Hinweis findet sich zumeist in den Reiseunterlagen.

*Gut zu wissen*
Die Einreichung der Reklamation beim Reisebüro genügt in der Regel nicht zur Einhaltung der Ausschlussfrist.

## Gepäckprobleme

Eine Besonderheit gibt es bei Gepäckproblemen im Rahmen der Flugbeförderung oder auf dem Kreuzfahrtschiff zu beachten. Es gelten kurze Fristen, die nicht viele kennen und auf die der Reiseveranstalter auch nicht hinweisen muss.

## Anzeigefristen/Flug

Kommt das aufgegebene Fluggepäck verspätet an und verlangt der Reisende eine Entschädigung für den Kauf von Ersatzkleidung u.a., müssen diese Ansprüche innerhalb von 21 Tagen nach Erhalt des Gepäcks bei der Fluggesellschaft (und dem Reiseveranstalter) schriftlich geltend gemacht werden.

Kommt ein Gepäckstück beschädigt auf dem Kofferband an, gilt eine Anzeigefrist von sieben Tagen. Beschädigtes Gepäck sollte der Fluggast aber aus Beweisgründen ohnehin sofort nach Aushändigung anzeigen und bestätigen lassen.

## Anzeigefristen/Schiff

Bei Kabinengepäck auf einem Kreuzfahrtschiff gilt eine sofortige Anzeigepflicht vor oder bei der Ausschiffung, wenn der Schaden äußerlich zu erkennen ist, bei nicht erkennbaren Schäden oder Verlust eine Frist von 15 Tagen nach Aushändigung des Gepäcks bzw. nach der Ausschiffung.

## Verjährung

Kann sich der Reisende mit dem Reiseveranstalter nicht einigen, muss er die Verjährungsfrist für die Gewährleistungsansprüche beachten.

Sie beträgt nach § 651g II BGB zwei Jahre nach dem vertraglichen Ende der Reise, darf aber gemäß § 651m BGB vom Reiseveranstalter mit einer Klausel in seinen Allgemeinen Geschäftsbedingungen auf ein Jahr verkürzt werden.

Reicht der Urlauber einen Mahnbescheid oder Klage ein, wird die Verjährung gehemmt.

**Wichtige Rechtsvorschriften:**

- § 651g I BGB (Ausschlussfrist)
- § 651g II BGB (Verjährung)
- § 651m BGB (Verkürzung der Verjährung)

- § 6 II BGB-InfoV (Informationspflicht des Reiseveranstalters über wichtige Fristen)
- Art. 31 MÜ (Montrealer Übereinkommen, Gepäckschäden/Flug)
- Art. 15 AÜ (Athener Übereinkommen, Gepäckschäden/Schiff)

**… beachten Sie folgende Tipps:**

- Reichen Sie innerhalb von einem Monat nach dem vertraglichen Ende Ihrer Reise eine Reklamation beim Reiseveranstalter ein. Machen Sie das schriftlich per Einschreiben/Rückschein.

- Tragen Sie sämtliche Mängel detailliert vor. Stellen Sie eine Forderung und setzen Sie eine Zahlungsfrist.

- Beachten Sie die besonderen kurzen Fristen bei Gepäckproblemen. Zeigen Sie Gepäckschäden sofort nach Erhalt des Gepäcks an.

- Bietet Ihnen der Reiseveranstalter einen Gutschein als Entschädigung an, müssen Sie diesen nicht akzeptieren. Liegt ein Reisemangel vor, haben Sie Anspruch auf Geldersatz.

- Übersendet Ihnen der Reiseveranstalter für eine Preisminderung/Entschädigung einen Scheck mit dessen Höhe Sie nicht einverstanden sind, lösen Sie den Scheck nicht ein. Teilen Sie dem Reiseveranstalter zuvor schriftlich mit, dass Sie mit der Höhe nicht einverstanden sind und der Scheck nur unter Vorbehalt eingelöst wird und als Anzahlung dient.

# STREIT
# VOR GERICHT

# Wenn es wegen Ihrer Kreuzfahrt zum Rechtsstreit kommt ...

Kann der enttäuschte Kunde wegen aufgetretener Reisemängel, eines Gepäckschadens oder eines Unfalles an Bord keine gütliche Einigung mit dem Reiseveranstalter erzielen, ist der Gang zum Gericht möglich.

Eine private Rechtsschutzversicherung übernimmt die Kosten für das Verfahren.

Grundsätzlich gilt, dass sich die Höhe der Verfahrenskosten nach der Klageforderung (Streitwert) berechnet. Je mehr der Reisekunde fordert, desto höher werden die Anwalts- und Gerichtskosten.

Wer finanziell nicht in der Lage ist, einen Prozess zu führen, kann beim Gericht einen Antrag auf Prozesskostenhilfe stellen.

## Gerichtsverfahren

Bei Klagen bis zu einer Forderung von 5.000,00 € ist das Amtsgericht, bei Klagen über 5.000,00 € ist das Landgericht sachlich zuständig. Bei einer Klage vor dem Landgericht ist die Vertretung durch einen Rechtsanwalt zwingend vorgeschrieben.

Gerichtsort für Klagen gegen den Reiseveranstalter ist der Firmensitz des Reiseveranstalters bzw. bei einem ausländischen Veranstalter der Sitz der Niederlassung in Deutschland. Wurde die Kreuzfahrt bei einem Reiseveranstalter im Ausland gebucht, wird es komplizierter, und es bedarf einer eingehenden juristischen Begutachtung und Beratung darüber, welches Recht anzuwenden ist und welcher Gerichtsort gilt.

Der Urlauber sollte bei jeder Klage einen auf das Reiserecht spezialisierten Rechtsanwalt mandatieren, auch wenn vor dem Amtsgericht geklagt wird. Der Rechtsanwalt wird den Reisekunden zuvor genau darüber aufklären, was der Prozess kosten kann.

Die Partei, die den Rechtsstreit verliert, muss die gesamten Verfahrenskosten tragen, d. h. nicht nur die Gerichtskosten, sondern auch die Kosten des eigenen und des gegnerischen Rechtsanwaltes, Zeugengelder u. a.

Wird vor dem Gericht ein Vergleich geschlossen, einigen sich die Streitparteien auch über die Verteilung der Kosten.

Verliert eine Partei den Prozess insgesamt oder zu einem Teil, ist es möglich, Berufung gegen das Urteil einzulegen. Das ist aber nur zulässig, wenn eine Berufungssumme von über 600,00 € erreicht wird.

**... beachten Sie folgende Tipps:**

- Eine private Rechtsschutzversicherung übernimmt für Sie je nach Vertragsinhalt die Kosten einer anwaltlichen Beratung und auch die Kosten für einen Prozess gegen einen Reiseveranstalter. Die Rechtsschutzversicherung muss aber frühzeitig, d.h. vor der Reise, abgeschlossen werden, da in der Regel Wartezeiten (Zeit zwischen Versicherungsabschluss und Beginn des Versicherungsschutzes) einzuhalten sind.

- Wenn Sie einen Rechtsanwalt für die außergerichtliche Geltendmachung Ihres Anspruches oder für Ihre Klage beauftragen, lassen Sie sich im ersten Gespräch genau darüber informieren, welche möglichen Kosten der Rechtsstreit verursachen kann.

- Bei geringen Forderungen sollten Sie genau überlegen, ob sich eine gerichtliche Auseinandersetzung lohnt, da ein Gerichtsverfahren mit viel Aufwand, z.B. Anreise zum Gerichtsort, und Kosten verbunden sein kann.

# BÜRGERLICHES GESETZBUCH

## BGB

# Auszug aus dem Bürgerlichen Gesetzbuch (BGB)

## Reisevertragsrecht, §§ 651a ff BGB

*(außer § 651l BGB, da dieser Gastschulaufenthalte betrifft)*

## § 651a

In diesem Paragrafen finden Sie die Regelungen zu den Pflichten des Reiseveranstalters und des Urlaubers, wenn ein Reisevertrag abgeschlossen wird.

Siehe Kapitel:
Pauschalreiserecht, Seite 2 ff
Reisebuchung, Seite 20 ff
Vertragspflichten, Seite 27 ff
Änderungen vor der Reise, Seite 46 ff

*Vertragstypische Pflichten beim Reisevertrag*

(1) Durch den Reisevertrag wird der Reiseveranstalter verpflichtet, dem Reisenden eine Gesamtheit von Reiseleistungen (Reise) zu erbringen. Der Reisende ist verpflichtet, dem Reiseveranstalter den vereinbarten Reisepreis zu zahlen.

(2) Die Erklärung, nur Verträge mit den Personen zu vermitteln, welche die einzelnen Reiseleistungen ausführen sollen

(Leistungsträger), bleibt unberücksichtigt, wenn nach den sonstigen Umständen der Anschein begründet wird, dass der Erklärende vertraglich vorgesehene Reiseleistungen in eigener Verantwortung erbringt.

(3) Der Reiseveranstalter hat dem Reisenden bei oder unverzüglich nach Vertragsschluss eine Urkunde über den Reisevertrag (Reisebestätigung) zur Verfügung zu stellen. Die Reisebestätigung und ein Prospekt, den der Reiseveranstalter zur Verfügung stellt, müssen die in der Rechtsverordnung nach Artikel 238 des Einführungsgesetzes zum Bürgerlichen Gesetzbuche bestimmten Angaben enthalten.

(4) Der Reiseveranstalter kann den Reisepreis nur erhöhen, wenn dies mit genauen Angaben zur Berechnung des neuen Preises im Vertrag vorgesehen ist und damit einer Erhöhung der Beförderungskosten, der Abgaben für bestimmte Leistungen, wie Hafen- oder Flughafengebühren, oder einer Änderung der für die betreffende Reise geltenden Wechselkurse Rechnung getragen wird. Eine Preiserhöhung, die ab dem 20. Tage vor dem vereinbarten Abreisetermin verlangt wird, ist unwirksam. § 309 Nr. 1 bleibt unberührt.

(5) Der Reiseveranstalter hat eine Änderung des Reisepreises nach Absatz 4, eine zulässige Änderung einer wesentlichen Reiseleistung oder eine zulässige Absage der Reise dem Reisenden unverzüglich nach Kenntnis von dem Änderungs- oder Absagegrund zu erklären. Im Falle einer Erhöhung des Reisepreises um mehr als fünf vom Hundert oder einer erheblichen Änderung einer wesentlichen Reiseleistung kann der Reisende vom Vertrag zurücktreten. Er kann stattdessen, ebenso wie

bei einer Absage der Reise durch den Reiseveranstalter, die Teilnahme an einer mindestens gleichwertigen anderen Reise verlangen, wenn der Reiseveranstalter in der Lage ist, eine solche Reise ohne Mehrpreis für den Reisenden aus seinem Angebot anzubieten. Der Reisende hat diese Rechte unverzüglich nach der Erklärung durch den Reiseveranstalter diesem gegenüber geltend zu machen.

## § 651b

Dieser Paragraf beinhaltet die Regelung, dass Sie Ihren Reisevertrag auf eine dritte Person übertragen können, wenn Sie nicht selbst reisen können oder möchten. Das ist zumeist günstiger als eine Stornierung der Reise.

Siehe Kapitel:
Stornierung der Kreuzfahrt, Seite 36 ff

*Vertragsübertragung*

(1) Bis zum Reisebeginn kann der Reisende verlangen, dass statt seiner ein Dritter in die Rechte und Pflichten aus dem Reisevertrag eintritt. Der Reiseveranstalter kann dem Eintritt des Dritten widersprechen, wenn dieser den besonderen Reiseerfordernissen nicht genügt oder seiner Teilnahme gesetzliche Vorschriften oder behördliche Anordnungen entgegenstehen.

(2) Tritt ein Dritter in den Vertrag ein, so haften er und der Reisende dem Reiseveranstalter als Gesamtschuldner für den

Reisepreis und die durch den Eintritt des Dritten entstehenden Mehrkosten.

## § 651c

Dieser Paragraf legt fest, was ein Reisemangel ist, und dass Sie Abhilfe fordern können, wenn Ihre Reise mit Mängeln behaftet ist.

Siehe Kapitel:
Reisemängel bei Kreuzfahrten, Seite 41 ff
Änderungen vor der Reise, Seite 46 ff
Start der Reise, Seite 57 ff
Gepäckprobleme, Seite 64 ff
Abhilfe bei Reisemängeln, Seite 69 ff
Erkrankung auf der Reise, Seite 75 ff

### *Abhilfe*

(1) Der Reiseveranstalter ist verpflichtet, die Reise so zu erbringen, dass sie die zugesicherten Eigenschaften hat und nicht mit Fehlern behaftet ist, die den Wert oder die Tauglichkeit zu dem gewöhnlichen oder nach dem Vertrag vorausgesetzten Nutzen aufheben oder mindern.

(2) Ist die Reise nicht von dieser Beschaffenheit, so kann der Reisende Abhilfe verlangen. Der Reiseveranstalter kann die Abhilfe verweigern, wenn sie einen unverhältnismäßigen Aufwand erfordert.

(3) Leistet der Reiseveranstalter nicht innerhalb einer vom Reisenden bestimmten angemessenen Frist Abhilfe, so kann der Reisende selbst Abhilfe schaffen und Ersatz der erforderlichen Aufwendungen verlangen. Der Bestimmung einer Frist bedarf es nicht, wenn die Abhilfe von dem Reiseveranstalter verweigert wird oder wenn die sofortige Abhilfe durch ein besonderes Interesse des Reisenden geboten wird.

## § 651d

Dieser Paragraf bestimmt, dass Ihnen ein Minderungsanspruch zusteht, wenn es auf Ihrer Reise zu Mängeln kommt. Gleichzeitig wird Ihnen die Pflicht auferlegt, bei vorhandenen Reisemängeln eine Mängelrüge zu erheben.

Siehe Kapitel:
Änderung vor der Reise, Seite 46 ff
Abhilfe bei Reisemängeln, Seite 69 ff
Nach der Reise, Seite 81 ff

*Minderung*

(1) Ist die Reise im Sinne des § 651c Abs. 1 mangelhaft, so mindert sich für die Dauer des Mangels der Reisepreis nach Maßgabe des § 638 Abs. 3. § 638 Abs. 4 findet entsprechende Anwendung.

(2) Die Minderung tritt nicht ein, soweit es der Reisende schuldhaft unterlässt, den Mangel anzuzeigen.

# § 651e

Dieser Paragraf räumt Ihnen die Möglichkeit ein, die Reise wegen Mängeln zu kündigen, wenn es zu erheblichen Beeinträchtigungen kommt.

Siehe Kapitel:
Kündigung des Reisevertrages, Seite 51 ff

*Kündigung wegen Mangels*

(1) Wird die Reise infolge eines Mangels der in § 651c bezeichneten Art erheblich beeinträchtigt, so kann der Reisende den Vertrag kündigen. Dasselbe gilt, wenn ihm die Reise infolge eines solchen Mangels aus wichtigem, dem Reiseveranstalter erkennbaren Grund nicht zuzumuten ist.

(2) Die Kündigung ist erst zulässig, wenn der Reiseveranstalter eine ihm vom Reisenden bestimmte angemessene Frist hat verstreichen lassen, ohne Abhilfe zu leisten. Der Bestimmung einer Frist bedarf es nicht, wenn die Abhilfe unmöglich ist oder vom Reiseveranstalter verweigert wird oder wenn die sofortige Kündigung des Vertrags durch ein besonderes Interesse des Reisenden gerechtfertigt wird.

(3) Wird der Vertrag gekündigt, so verliert der Reiseveranstalter den Anspruch auf den vereinbarten Reisepreis. Er kann jedoch für die bereits erbrachten oder zur Beendigung der Reise noch zu erbringenden Reiseleistungen eine nach § 638 Abs. 3 zu bemessende Entschädigung verlangen. Dies

gilt nicht, soweit diese Leistungen infolge der Aufhebung des Vertrags für den Reisenden kein Interesse haben.

(4) Der Reiseveranstalter ist verpflichtet, die infolge der Aufhebung des Vertrags notwendigen Maßnahmen zu treffen, insbesondere, falls der Vertrag die Rückbeförderung umfasste, den Reisenden zurückzubefördern. Die Mehrkosten fallen dem Reiseveranstalter zur Last.

# § 651f

Dieser Paragraf regelt Schadensersatzansprüche für Sie, die Sie neben einer Preisminderung geltend machen können, wenn Ihrem Reiseveranstalter an dem Reisemangel ein Verschulden vorzuwerfen ist.

Siehe Kapitel:
Nach der Reise, Seite 81 ff

## *Schadensersatz*

(1) Der Reisende kann unbeschadet der Minderung oder der Kündigung Schadensersatz wegen Nichterfüllung verlangen, es sei denn, der Mangel der Reise beruht auf einem Umstand, den der Reiseveranstalter nicht zu vertreten hat.

(2) Wird die Reise vereitelt oder erheblich beeinträchtigt, so kann der Reisende auch wegen nutzlos aufgewendeter Urlaubszeit eine angemessene Entschädigung in Geld verlangen.

# § 651g

In diesem Paragrafen finden Sie wichtige Fristen, wenn Sie nach der Reise Ansprüche gegenüber Ihrem Reiseveranstalter geltend machen möchten.

Siehe Kapitel:
Gepäckprobleme, Seite 64 ff
Richtig reklamieren, Seite 87 ff

## *Ausschlussfrist, Verjährung*

(1) Ansprüche nach den §§ 651c bis 651f hat der Reisende innerhalb eines Monats nach der vertraglich vorgesehenen Beendigung der Reise gegenüber dem Reiseveranstalter geltend zu machen. § 174 ist nicht anzuwenden. Nach Ablauf der Frist kann der Reisende Ansprüche nur geltend machen, wenn er ohne Verschulden an der Einhaltung der Frist verhindert worden ist.

(2) Ansprüche des Reisenden nach den §§ 651c bis 651f verjähren in zwei Jahren. Die Verjährung beginnt mit dem Tage, an dem die Reise dem Vertrag nach enden sollte.

# § 651h

Dieser Paragraf regelt, dass ein Reiseveranstalter bei Schadensfällen eine Haftungsbeschränkung vornehmen kann.

Siehe Kapitel:
Gepäckprobleme, Seite 64 ff
Nach der Reise, Seite 81 ff

*Zulässige Haftungsbeschränkung*

(1) Der Reiseveranstalter kann durch Vereinbarung mit dem Reisenden seine Haftung für Schäden, die nicht Körperschäden sind, auf den dreifachen Reisepreis beschränken,

1. soweit ein Schaden des Reisenden weder vorsätzlich noch grob fahrlässig herbeigeführt wird oder

2. soweit der Reiseveranstalter für einen dem Reisenden entstehenden Schaden allein wegen eines Verschuldens eines Leistungsträgers verantwortlich ist.

(2) Gelten für eine von einem Leistungsträger zu erbringende Reiseleistung internationale Übereinkommen oder auf solchen beruhende gesetzliche Vorschriften, nach denen ein Anspruch auf Schadensersatz nur unter bestimmten Voraussetzungen oder Beschränkungen entsteht oder geltend gemacht werden kann oder unter bestimmten Voraussetzungen ausgeschlossen ist, so kann sich auch der Reiseveranstalter gegenüber dem Reisenden hierauf berufen.

# § 651 i

In diesem Paragrafen finden Sie Regelungen, wenn Sie Ihre Reise stornieren möchten. Das Gesetz verwendet den Begriff »Rücktritt«.

Siehe Kapitel:
Stornierung der Kreuzfahrt, Seite 36 ff

## *Rücktritt vor Reisebeginn*

(1) Vor Reisebeginn kann der Reisende jederzeit vom Vertrag zurücktreten.

(2) Tritt der Reisende vom Vertrag zurück, so verliert der Reiseveranstalter den Anspruch auf den vereinbarten Reisepreis. Er kann jedoch eine angemessene Entschädigung verlangen. Die Höhe der Entschädigung bestimmt sich nach dem Reisepreis unter Abzug des Wertes der vom Reiseveranstalter ersparten Aufwendungen sowie dessen, was er durch anderweitige Verwendung der Reiseleistungen erwerben kann.

(3) Im Vertrag kann für jede Reiseart unter Berücksichtigung der gewöhnlich ersparten Aufwendungen und des durch anderweitige Verwendung der Reiseleistungen gewöhnlich möglichen Erwerbs ein Vomhundertsatz des Reisepreises als Entschädigung festgesetzt werden.

# § 651j

In diesem Paragrafen wird geregelt, dass Sie und auch Ihr Reiseveranstalter die Reise wegen höherer Gewalt kündigen können, wenn es zu unvorhersehbaren Gefahrensituationen oder Beeinträchtigungen kommt.

Siehe Kapitel:
Kündigung des Reisevertrages, Seite 51 ff

*Kündigung wegen höherer Gewalt*

(1) Wird die Reise infolge bei Vertragsabschluss nicht voraussehbarer höherer Gewalt erheblich erschwert, gefährdet oder beeinträchtigt, so können sowohl der Reiseveranstalter als auch der Reisende den Vertrag allein nach Maßgabe dieser Vorschrift kündigen.

(2) Wird der Vertrag nach Absatz 1 gekündigt, so findet die Vorschrift des § 651e Abs. 3 Satz 1 und 2, Abs. 4 Satz 1 Anwendung. Die Mehrkosten für die Rückbeförderung sind von den Parteien je zur Hälfte zu tragen. Im Übrigen fallen die Mehrkosten dem Reisenden zur Last.

# § 651k

Dieser Paragraf regelt die Pflicht Ihres Reiseveranstalters, den Reisepreis für den Fall der Zahlungsunfähigkeit Ihres Reiseveranstalters abzusichern.

Siehe Kapitel:
Vertragspflichten, Seite 27 ff

## *Sicherstellung, Zahlung*

(1) Der Reiseveranstalter hat sicherzustellen, dass dem Reisenden erstattet werden

1. der gezahlte Reisepreis, soweit Reiseleistungen infolge Zahlungsunfähigkeit oder Eröffnung des Insolvenzverfahrens über das Vermögen des Reiseveranstalters ausfallen, und

2. notwendige Aufwendungen, die dem Reisenden infolge Zahlungsunfähigkeit oder Eröffnung des Insolvenzverfahrens über das Vermögen des Reiseveranstalters für die Rückreise entstehen.

Die Verpflichtungen nach Satz 1 kann der Reiseveranstalter nur erfüllen

1. durch eine Versicherung bei einem im Geltungsbereich dieses Gesetzes zum Geschäftsbetrieb befugten Versicherungsunternehmen oder

2. durch ein Zahlungsversprechen eines im Geltungsbereich dieses Gesetzes zum Geschäftsbetrieb befugten Kreditinstituts.

(2) Der Versicherer oder das Kreditinstitut (Kundengeldabsicherer) kann seine Haftung für die von ihm in einem Jahre insgesamt nach diesem Gesetz zu erstattenden Beträge auf 110 Millionen Euro begrenzen. Übersteigen die in einem Jahr von einem Kundengeldabsicherer insgesamt nach diesem Gesetz zu erstattenden Beträge die in Satz 1 genannten Höchstbeträge, so verringern sich die einzelnen Erstattungsansprüche in dem Verhältnis, in dem ihr Gesamtbetrag zum Höchstbetrag steht.

(3) Zur Erfüllung seiner Verpflichtung nach Absatz 1 hat der Reiseveranstalter dem Reisenden einen unmittelbaren Anspruch gegen den Kundengeldabsicherer zu verschaffen und durch Übergabe einer von diesem oder auf dessen Veranlassung ausgestellten Bestätigung (Sicherungsschein) nachzuweisen. Der Kundengeldabsicherer kann sich gegenüber einem Reisenden, dem ein Sicherungsschein ausgehändigt worden ist, weder auf Einwendungen aus dem Kundengeldabsicherungsvertrag noch darauf berufen, dass der Sicherungsschein erst nach Beendigung des Kundengeldabsicherungsvertrags ausgestellt worden ist. In den Fällen des Satzes 2 geht der Anspruch des Reisenden gegen den Reiseveranstalter auf den Kundengeldabsicherer über, soweit dieser den Reisenden befriedigt. Ein Reisevermittler ist dem Reisenden gegenüber verpflichtet, den Sicherungsschein auf seine Gültigkeit hin zu überprüfen, wenn er ihn dem Reisenden aushändigt.

(4) Reiseveranstalter und Reisevermittler dürfen Zahlungen des Reisenden auf den Reisepreis vor Beendigung der Reise nur fordern oder annehmen, wenn dem Reisenden ein Sicherungsschein übergeben wurde. Ein Reisevermittler gilt als vom Reiseveranstalter zur Annahme von Zahlungen auf den Reisepreis ermächtigt, wenn er einen Sicherungsschein übergibt oder sonstige dem Reiseveranstalter zuzurechnende Umstände ergeben, dass er von diesem damit betraut ist, Reiseverträge für ihn zu vermitteln. Dies gilt nicht, wenn die Annahme von Zahlungen durch den Reisevermittler in hervorgehobener Form gegenüber dem Reisenden ausgeschlossen ist.

(5) Hat im Zeitpunkt des Vertragsschlusses der Reiseveranstalter seine Hauptniederlassung in einem anderen Mitgliedstaat der Europäischen Gemeinschaften oder in einem anderen Vertragsstaat des Abkommens über den Europäischen Wirtschaftsraum, so genügt der Reiseveranstalter seiner Verpflichtung nach Absatz 1 auch dann, wenn er dem Reisenden Sicherheit in Übereinstimmung mit den Vorschriften des anderen Staates leistet und diese den Anforderungen nach Absatz 1 Satz 1 entspricht. Absatz 4 gilt mit der Maßgabe, dass dem Reisenden die Sicherheitsleistung nachgewiesen werden muss.

(6) Die Absätze 1 bis 5 gelten nicht, wenn

1. der Reiseveranstalter nur gelegentlich und außerhalb seiner gewerblichen Tätigkeit Reisen veranstaltet,

2. die Reise nicht länger als 24 Stunden dauert, keine Übernachtung einschließt und der Reisepreis 75 Euro nicht übersteigt,

3. der Reiseveranstalter eine juristische Person des öffentlichen Rechts ist, über deren Vermögen ein Insolvenzverfahren unzulässig ist.

## § 651m

Dieser Paragraf bestimmt, dass der Reiseveranstalter von den Regelungen des Reisevertragsrechts nicht zum Nachteil des Reisenden abweichen darf.

Siehe Kapitel:
Pauschalreiserecht, Seite 2 ff
Richtig reklamieren, Seite 87 ff

*Abweichende Vereinbarungen*

Von den Vorschriften der §§ 651a bis 651l kann vorbehaltlich des Satzes 2 nicht zum Nachteil des Reisenden abgewichen werden. Die in § 651g Abs. 2 bestimmte Verjährung kann erleichtert werden, vor Mitteilung eines Mangels an den Reiseveranstalter jedoch nicht, wenn die Vereinbarung zu einer Verjährungsfrist ab dem in § 651g Abs. 2 Satz 2 bestimmten Verjährungsbeginn von weniger als einem Jahr führt.

# WÜRZBURGER TABELLE ZUM REISERECHT BEI KREUZFAHRTEN

Die vollständige
»Würzburger Tabelle« finden Sie
kostenfrei unter:
www.würzburger-tabelle.de

# »Würzburger Tabelle zum Reiserecht bei Kreuzfahrten«

Die Würzburger Tabelle zeigt reiserechtliche Probleme bei Kreuzfahrten und deren gerichtliche Bewertung auf.

Die Tabelle dient jedoch lediglich als Orientierungshilfe. Weder für Gerichte noch Reiseveranstalter ist sie bindend, es werden nur zahlreiche Beispielsfälle aufgezeigt. Jeder Fall eines Reisenden bedarf unter Heranziehung der Beeinträchtigungsschwere, eines möglichen Schadensverlaufes und insbesondere auch aufgrund der Besonderheiten der jeweiligen Kreuzfahrt einer einzelfallbezogenen Begutachtung.

## I. Gliederung

1. **Reiseausschreibung**

2. **Vor Beginn der Kreuzfahrt**
a) Bezahlung des Reisepreises
b) Rücktritt durch den Reiseveranstalter
c) Reiserücktritt durch den Passagier/Kündigung wegen höherer Gewalt/Kündigung wegen Reisemangel
d) Reiserücktrittskostenversicherung/Reiseabbruchversicherung
e) Leistungsänderung u. a.
f) Einreisebestimmungen

3. **Anreise zum Schiff/Rückreise vom Schiff**
a) Bus
b) Flug
    aa) Kein Flug trotz Buchung
    bb) Verspätung/Verlegung/Ausfall
    cc) Flugroute
    dd) Fluggesellschaft
    ee) Service an Bord
    ff) Gepäck

4. **Start der Kreuzfahrt**
a) Schiffswechsel
b) Zugang an Bord/Verzögerung der Abfahrt u. a.

5. **Schiffskabine**
a) Kabinengröße
b) Kabinenausstattung
    aa) Fehlende Ausstattung
    bb) Defekte Ausstattung
c) Kabinenaussicht

6. **Schiffsausstattung**

7. **Während der Kreuzfahrt – an Bord**
a) Lärm/Vibrationen
b) Sauberkeit
c) Verpflegung/Service
d) Personal
e) Mitreisende
f) Erkrankungen
g) Unfälle an Bord

h) Kriminalität

i) Schiffsordnung

**8. Während der Kreuzfahrt – außerhalb des Schiffes**

a) Wetter

b) Reiseroute

c) Landgänge

**9. Ende der Kreuzfahrt**

**10. Schäden am Schiff**

**Hinweis zu den Fundstellen:**

Die Fundstellen geben jeweils das Urteil mit Datum und Aktenzeichen des Gerichts wieder, das sich mit dem jeweiligen Sachverhalt befasst hat oder einen ähnlichen Sachverhalt zu beurteilen hatte. Soweit die Urteile in juristischen Zeitschriften veröffentlicht wurden, werden diese genannt.

Folgende Zeitschriften werden mit Abkürzungen erwähnt:

| | | |
|---|---|---|
| **DAR** | = | Deutsches Autorecht |
| **MDR** | = | Monatsschrift für Deutsches Recht |
| **NJW** | = | Neue Juristische Wochenschrift |
| **NJW-RR** | = | Neue Juristische Wochenschrift – RechtsprechungsReport |
| **RuS** | = | Recht und Schaden |
| **RRa** | = | ReiseRecht aktuell |
| **TranspR** | = | Transportrecht |
| **VersR** | = | Versicherungsrecht |
| **VuR** | = | Verbraucher und Recht |
| **WRP** | = | Wettbewerb in Recht und Praxis |

## II. Tabelle

### 1. Reiseausschreibung

| Problem | Sachverhalt | Ergebnis | Fundstelle |
|---|---|---|---|
| Preisangabe (Servicegebühr/ Trinkgeld-pauschale) | Ein Reiseveranstalter wirbt mittels Zeitungsanzeige für eine Kreuzfahrt. Beim angegebenen Preis wird mit einem Sternchenhinweis darauf hingewiesen, dass an Bord ein zusätzliches Serviceentgelt (Servicegebühr) erhoben wird | Der Reiseveranstalter hat es zu unterlassen, mit Preisen zu werben, ohne den jeweiligen Endpreis zu nennen, insbesondere, ohne ein obligatorisches Serviceentgelt in den Endpreis mit einzurechnen. | BGH v. 7.5.2015 – I ZR 158/14, MDR 2015, 1533 f.; OLG Koblenz v. 4.6.2014 – 9 U 1324/13; Thüringer OLG, 19.2.2014 – 2 U 668/13; KG Berlin v. 3.12.2013 – 5 U 75/13; OLG Dresden v. 24.9.2013 – 14 U 517/13; Hans. OLG Hamburg v. 14.1.2009 – 5 W 4/09 |

## 2. Vor Beginn der Kreuzfahrt

## a) Bezahlung des Reisepreises

| Problem | Sachverhalt | Anspruch | Fundstelle |
|---|---|---|---|
| Anzahlungs-höhe | Ein Reiseveranstalter verlangt nach Vertragsabschluss eine Anzahlung von 35 % des Reisepreises und stützt seine Forderung auf eine Klausel in seinen Allgemeinen Geschäftsbedingungen (AGB). | Die Klausel in den AGB ist unzulässig. Eine Anzahlung ist max. in Höhe von 20 % zulässig, es sei denn, der Reiseveranstalter kann nachweisen, eigene Aufwendungen abzudecken bzw. Forderungen Dritter bedienen zu müssen. | OLG Rostock v. 6.5.2015 – 2 U 22/14; hierzu auch BGH v. 9.12.2014 – X ZR 13/14, MDR 2015, 448 f. = RRa 2015, 144 ff. |
| Zahlungs-termin | Ein Reiseveranstalter verlangt nach seinen Allgemeinen Geschäftsbedingungen (AGB) eine Anzahlung von 20 %. Die Restzahlung des Reisepreises soll 90 Tage vor Reisebeginn erfolgen. | Die Anzahlungsklausel des Reiseveranstalters ist unzulässig, da sie gegen das gesetzliche Grundprinzip der Zug-um-Zug-Leistung verstößt; sie ist damit unwirksam. | OLG Köln v. 14.9.2012 – 6 U 104/12, RRa 2012, 297 f. = WRP 2013, 115 ff. |

| Problem | Sachverhalt | Anspruch | Fundstelle |
|---|---|---|---|
| Erhöhung des Reisepreises | Nach Buchung der Kreuzfahrt wird dem Urlauber mitgeteilt, dass sich der Preis wegen gestiegener Treibstoffkosten erhöht. Der Reiseveranstalter beruft sich auf eine Preiserhöhungsklausel in seinen Allgemeinen Geschäftsbedingungen (AGB), die wirksam in den Reisevertrag einbezogen wurden. | Eine Preiserhöhungsklausel kann zwar wirksam in einen Reisevertrag einbezogen werden. Der Reiseveranstalter muss aber bei einer Erhöhung genau darlegen, aufgrund welcher Umstände der Treibstoffzuschlag ermittelt wird (Angaben zur Ölpreisentwicklung, transportabhängige Mehrkosten, Bemessung des Anteils auf den Reisenden), ansonsten muss der Reisende den Zuschlag nicht bezahlen. | AG Rostock v. 10.9.2009 – 41 C 294/09, RRa 2010, 95 f. |

## b) Rücktritt durch den Reiseveranstalter

| Problem | Sachverhalt | Anspruch | Fundstelle |
|---|---|---|---|
| Insolvenz des Reiseveranstalters I | Ein Reiseveranstalter sagt eine Kreuzfahrt wegen mangelnder Nachfrage ab. Bevor dem Reisekunden der bereits bezahlte Reisepreis erstattet wird, meldet der Reiseveranstalter Insolvenz an. Die Insolvenzversicherung des Reiseveranstalters lehnt eine Rückzahlung ab. | Der Reisende hat einen Zahlungsanspruch gegen die Insolvenzversicherung des Reiseveranstalters, da auch ein Versicherungsfall eintritt, wenn der Reiseveranstalter eine Reise absagt und anschließend zahlungsunfähig wird. | BGH v. 2.11.2011 – X ZR 43/11, MDR 2012, 270 f. = NJW 2012, 997 ff. = RRa 2012, 47 ff. |
| Insolvenz des Reiseveranstalters II | Ein Urlauber bucht in Deutschland in einem Reisebüro eine Kreuzfahrt bei einem ausländischen Reiseveranstalter (EU). Das Reisebüro verlangt den Reisepreis, ohne zu überprüfen, ob der Reiseveranstalter gegen den Fall Insolvenz abgesichert ist. Der Reiseveranstalter wird zahlungsunfähig. Die Reise findet nicht statt. | Das Reisebüro ist in der Haftung, da es die Pflicht gehabt hat, nachzuprüfen, ob für den Insolvenzfall des Reiseveranstalters eine Absicherung besteht. Das Reisebüro muss den Reisepreis an den Kunden erstatten. | BGH v. 25.11.2014 – X ZR 105/13, RRa 2015, 106 f. = NJW 2015, 853 f. |

| Problem | Sachverhalt | Anspruch | Fundstelle |
|---------|-------------|----------|------------|
| Absage einer Reise I | Ein Urlauber bucht eine Flusskreuzfahrt. Die Reise wird bestätigt und bezahlt. Der Reiseveranstalter sagt die Reise ab und bietet an, die Reise umzubuchen oder kostenfrei zu stornieren. | Der Passagier hat Anspruch auf Erstattung des Reisepreises. Zusätzlich kann der Passagier eine Entschädigung wegen entgangener Urlaubsfreude (§ 651f II BGB) in Höhe von 50 % des Reisepreises verlangen. | LG Frankfurt/M. v. 29.10.2009 – 2/24 S 47/09 – RRa 2010, 79 ff. |
| Absage der Reise II | Ein Urlauber bucht ein Jahr im Voraus eine Kreuzfahrt und leistet eine Anzahlung. Der Reiseveranstalter sagt die Reise in der Folge ab, da das Schiff anderweitig verchartert wird. Eine Umbuchung auf eine andere Reise lehnt der Urlauber ab. | Neben der Rückzahlung der Anzahlung steht dem Urlauber eine Entschädigung wegen entgangener Urlaubsfreude in Höhe von 50 % des Reisepreises zu. | AG Wiesbaden v. 7.8.2014 – 91 C 295/14-85, RRa 2015, 251 f. |

## c) Reiserücktritt durch den Passagier/Kündigung wegen höherer Gewalt/Kündigung wegen Reisemangel

Der Reisekunde erklärt gegenüber dem Reiseveranstalter den Rücktritt vom Reisevertrag bzw. kündigt den Reisevertrag wegen höherer Gewalt oder wegen eines Reisemangels.

| Problem | Sachverhalt | Anspruch | Fundstelle |
|---|---|---|---|
| 25 % Stornokosten bei früher Absage | Ein Urlauber bucht eine mehrwöchige Kreuzfahrt und sagt diese 30 Tage vor Beginn ab. Der Reiseveranstalter verlangt nach seinen Allgemeinen Geschäftsbedingungen (AGB), die wirksam in den Vertrag einbezogen wurden, 25 % des Reisepreises als Stornokosten. | Der Reiseveranstalter kann Stornokosten in Höhe von 25 % verlangen, da die vereinbarte Stornopauschale für die vereinbarte Reiseart angemessen ist. | AG Limburg v. 17.11.2004 – 4 C 917/04-11, RRa 2005, 31 ff. |
| 100 % Stornokosten<br><br>(unzulässig) | Ein Reisender storniert kurz vor Reisebeginn seine gebuchte Kreuzfahrt. Der Reiseveranstalter verlangt 100 % des Reisepreises als Stornokosten und beruft sich dabei auf seine Stornopauschalen in den Allgemeinen Geschäftsbedingungen(AGB). | Der Reisende hat Anspruch auf Teilerstattung des Reisepreises. Durch eine Stornopauschale von 100 % wird der Reisende unangemessen benachteiligt. Die entsprechende Klausel ist unzulässig, es muss eine einzelfallbezogene Abrechnung erfolgen. | Vgl. KG Berlin v. 21.12.2010 – 5 U 86/09, WRP 2011, 654; LG Frankfurt/M. v. 18.12.2009 – 2/02 O 114/09, WRP 2010, 567 f. |

| Problem | Sachverhalt | Anspruch | Fundstelle |
|---|---|---|---|
| Zu hohe Stornokosten | Ein Reiseveranstalter hat in seinen Allgemeinen Geschäftsbedingungen (AGB) eine Stornopauschale aufgenommen, die bestimmt, dass der Urlauber bei Rücktritt vom Vertrag bis zum 60. Tag vor Reiseantritt 50 % des Reisepreises als Stornobetrag bezahlen muss. | Der Urlauber muss den pauschalierten Stornobetrag nicht bezahlen, da die Stornoklausel unzulässig ist. Der in den AGB bestimmte Prozentsatz übersteigt den zu erwartenden Schaden des Kreuzfahrtanbieters. | OLG Rostock v. 4.9.2013 – 2 U 7/13, RRa 2014, 52 ff. |
| Stornierung wegen Flugausfall | Ein Kunde bucht eine Kreuzfahrt ab Miami. Den Zubringerflug bucht er separat direkt bei der Fluggesellschaft. Der Flug wurde verspätet durchgeführt, das Schiff nicht erreicht. Der Passagier storniert die Kreuzfahrt und muss Stornokosten an den Reiseveranstalter bezahlen. | Der Urlauber hat Entschädigungsanspruch (Stornokosten der Kreuzfahrt u.a.) gegen die Fluggesellschaft, wenn diese nicht vortragen kann, alles Zumutbare zur Vermeidung des Schadens getroffen zu haben. | AG Wedding v. 25.3.2011 – 16 C 167/10, RRa 2012, 81 ff. |

| Problem | Sachverhalt | Anspruch | Fundstelle |
|---|---|---|---|
| Höhere Gewalt I (Naturkatastrophe) | Ein Passagier trat eine Flusskreuzfahrt von St. Petersburg nach Moskau im Jahr 2010 nicht an, da es im Großraum Moskau zu Wald- und Torfbränden kam. Das Auswärtige Amt hatte von Reisen in die Region abgeraten. | Anspruch auf Rückzahlung des Reisepreises wegen Kündigung der Reise wegen höherer Gewalt gem. § 651j I BGB. | AG Köln v. 6.6.2011 – 142 C 599/10; AG Weißenfels v. 18.5.2011 – 1 C 626/10, RRa 2011, 184 f. |
| Höhere Gewalt II (Irak-Krieg) | Ein Passagier trat im Jahr 2003 seine Mittelmeer-Kreuzfahrt mit Zielen in Italien nicht an, da er im Hinblick auf den Irak-Krieg mit Terroranschlägen rechnete. | Keine Kündigung des Reisevertrages wegen höherer Gewalt möglich. Es lag kein Fall der höheren Gewalt nach § 651j I BGB vor, da nicht mit einer Gefährdung zu rechnen war. Der Kunde muss Stornokosten bezahlen. | AG München v. 17.2.2004 – 241 C 28518/03, RRa 2004, 183 f. = NJW-RR 2004, 1355 f. |
| Höhere Gewalt III (Irak-Krieg) | Ein Passagier trat im Jahr 2003 seine Kreuzfahrt im östlichen Mittelmeer nicht an, da er im Hinblick auf den kurz zuvor ausgebrochenen Irak-Krieg mit einer Gefährdung rechnete. | Anspruch auf Rückzahlung des Reisepreises, da es sich um eine berechtigte Kündigung wegen höherer Gewalt gem. § 651j I BGB gehandelt hat, da eine Gefährdung nicht auszuschließen war. | LG Leipzig v. 27.4.2005 – 1 S 4/05, NJW-RR 2005, 995 ff. |

126

| Problem | Sachverhalt | Anspruch | Fundstelle |
|---|---|---|---|
| Höhere Gewalt IV<br><br>(Reaktorunfall) | Ein Urlauber buchte 2011 eine Asienkreuzfahrt. Kurz vor Beginn der Reise ereignete sich in Japan ein Reaktorunfall (Fukushima). Der Passagier kündigte wegen Gefahren den Reisevertrag. Der Reiseveranstalter widersprach der Kündigung und verlangte Stornokosten. | Die Kündigung des Reisevertrages wegen höherer Gewalt gemäß §651j BGB war gerechtfertigt, da nicht auszuschließen war, dass es zu einer Gefährdung kommen kann. | Hans. OLG Bremen v. 9.11.2012 – 2 U 41/12, MDR 2013, 142 f. = RRa 2014, 16 f. = DAR 2014, 321 f. |
| Höhere Gewalt V<br><br>(innere Unruhen) | Ein Urlauber buchte im Mai 2013 für September 2013 eine 7-tägige Nilkreuzfahrt. Im August erging eine Teilreisewarnung des Auswärtigen Amts, da landesweit der Ausnahmezustand für Ägypten erklärt wurde. Der Urlauber kündigte die Reise wegen höherer Gewalt. | Die Kündigung wegen höherer Gewalt war gerechtfertigt, der Urlauber hat Anspruch auf Rückzahlung des Reisepreises. Da vor Reisen in das Nildelta gewarnt wurde, liegt ein Fall der höheren Gewalt vor, da Sicherheitsrisiken bestanden. | AG Hamburg v. 21.5.2014 – 15 a C 290/13 |

| Problem | Sachverhalt | Anspruch | Fundstelle |
|---------|-------------|----------|------------|
| Behinderten-gerechtes Schiff | Ein gehbehinderter Urlauber bucht eine Flusskreuz-fahrt. Dem Rei-severanstalter ist die Behinderung bekannt. Es wurde jedoch kein behin-dertengerechtes Schiff zugesagt. Der Urlauber kann die Reise nicht antreten, da er bereits bei der Ein-schiffung zunächst durch ein anderes Schiff, das neben dem gebuchten Schiff liegt, durch-gehen muss und dabei eine Treppe mit 18 Stufen zu überwinden ist. | Eine Kündigung des Reisevertrages ist gerechtfertigt, da der Reisever-anstalter von der Behinderung wuss-te. Das Betreten des Schiffes ist für den Passagier nicht möglich. Der Veranstalter muss den Reise-preis und die Kos-ten für die nutzlose Anreise zum Schiff erstatten. | OLG Hamm v. 21.10.2011 – 7 U 69/11 (Beschluss) |

## d) Reiserücktrittskostenversicherung/ Reiseabbruchversicherung

Der Reisekunde erklärt den Rücktritt vom Reisevertrag und muss Stornokosten an den Reiseveranstalter bezahlen. Der Reisende hat eine Reiserücktrittskostenversicherung bzw. Reiseabbruchversicherung abgeschlossen.

| Problem | Sachverhalt | Anspruch | Fundstelle |
|---|---|---|---|
| Schwere Erkrankung I (Angstzustände) | Nach den Terroranschlägen in New York vom 11.9.2001 stornierte eine Reisekundin ihre drei Wochen später startende Kreuzfahrt ab Nordamerika, da sie Ängste hatte. Der Reiseveranstalter verlangte Stornokosten. | Kein Anspruch gegen die Reiserücktrittskostenversicherung, da bloße Angstzustände (Sorgen) keinen Versicherungsfall darstellen. | AG Hamburg-Blankenese v. 7.1.2004 – 508 C 340/02, NJW-RR 2004, 757 f. = VersR 2004, 469 f. |
| Schwere Erkrankung II (Tumor) | Ein Passagier, der bereits an Dickdarmkrebs erkrankt war, erfährt, dass er einen bösartigen Lebertumor hat. Eine Chemotherapie ist erforderlich. Er storniert seine gebuchte Kreuzfahrt. Der Reiseveranstalter verlangt Stornokosten. | Es liegt ein Versicherungsfall der Reiserücktrittskostenversicherung vor, da der neu entdeckte Befund eine unerwartete schwere Erkrankung darstellt. | AG München v. 11.5.2000 – 121 C 7132/00, VersR 2002, 312 |

| Problem | Sachverhalt | Anspruch | Fundstelle |
|---|---|---|---|
| Schwere Erkrankung III<br><br>(Hoffnung auf Genesung I) | Ein 80-jähriger Passagier leidet an einem schweren Krankheitsbild. Der Hausarzt äußert sich dahin gehend, dass eine gebuchte Kreuzfahrt vielleicht dennoch angetreten werden kann, da man die Erkrankung möglicherweise in den Griff bekommt. Der Passagier storniert zunächst nicht und wartet ab. Erst später, nachdem sich keine Besserung einstellt, wird die Reise storniert. Die Reiserücktrittskostenversicherung übernimmt nur einen Teil der Stornokosten (Berechnung ab dem Tag der Erkrankung) | Die Reiserücktrittskostenversicherung muss keine weitere Leistung erbringen. Die späte Stornierung der Kreuzfahrt trotz Kenntnis der schweren Erkrankung stellt objektiv eine Verletzung der Obliegenheit zur unverzüglichen Reiseabsage dar. | AG München v. 26.7.2007 – 223 C 12632/07, VersR 2008, 965 f. |

| Problem | Sachverhalt | Anspruch | Fundstelle |
|---|---|---|---|
| Schwere Erkrankung IV<br><br>(Hoffnung auf Genesung II)<br><br>–Bandscheibe– | Ein Reisekunde erleidet einen Bandscheibenvorfall. Eine geplante Flusskreuzfahrt kann er nicht antreten. Er storniert erst nach einer Wartezeit, da er darauf vertraut, die Kreuzfahrt doch antreten zu können. Nach der Stornierung müssen Stornokosten an den Reiseveranstalter bezahlt werden. | Die Reiserücktrittskostenversicherung muss dem Kunden die Stornokosten ersetzen, die zum Zeitpunkt der Reiseunfähigkeit eingetreten sind. Die für die verspätete Stornierung anfallenden Mehrkosten muss die Versicherung nicht erstatten. | AG Köln v. 30.1.2007 – 134 C 440/06, RuS 2007, 251 |

| Problem | Sachverhalt | Anspruch | Fundstelle |
|---|---|---|---|
| Schwere Erkrankung V<br><br>(Thrombosegefahr) | Eine Reisekundin bucht eine Asien-Kreuzfahrt. Im Reisevertrag eingeschlossen ist die Anreise per Langstreckenflug. Bei der Reisekundin stellt sich ein massives Krampfaderleiden ein, das zu einer erhöhten Thrombosegefahr auf den Flügen führt. Die Reise wird storniert. Der Reiseveranstalter verlangt Stornokosten. | Die Reiserücktrittskostenversicherung muss die Stornokosten übernehmen, selbst wenn das Leiden schon zuvor bekannt war, jedoch noch nicht in der Schwere vorlag. Bestanden nach der ärztlichen Beurteilung trotz bereits bekanntem Krampfaderleidens zunächst keine Bedenken gegen die Durchführung eines Langstreckenfluges, kann auch nicht von einem medizinischen Laien verlangt werden, mit dem Eintritt einer Thrombosegefahr zu rechnen. | LG Arnsberg v. 8.9.2011 – 4 O 238/11, VersR 2012, 618 f. |

| Problem | Sachverhalt | Anspruch | Fundstelle |
|---|---|---|---|
| Reiseabbruch | Auf einer fünf- wöchigen Kreuz- fahrt bricht sich ein Passagier das Sprunggelenk und muss operiert werden. Die Reise wird abgebrochen. Es besteht eine Reiseabbruch- versicherung. | Anspruch auf Entschädigung der Mehrkosten der vorzeitigen Rück- reise und für die nicht in Anspruch genommenen Reiseleistungen/ Reisetage. Der Gesamtpreis der Reise ist auf die Reisetage aufzu- teilen und so der Wert der einzelnen Reisetage zu ermitteln. | LG Düsseldorf v. 25.7.2012 – 11 O 40/12, RRa 2013, 44 ff. = VuR 2013, 354 |

## e) Leistungsänderung u.a.

| Problem | Sachverhalt | Anspruch | Fundstelle |
|---------|-------------|----------|------------|
| Anfechtung des Vertrages | Ein Urlauber bucht eine Reise. Die Reisebestätigung enthält von der Reiseanmeldung abweichende Leistungen (geänderter Reisezeitraum). Der Reisende merkt dieses zunächst nicht und bezahlt widerspruchslos den Reisepreis. Erst bei Abholung der Reiseunterlagen erkennt er die Abweichungen und sagt die Reise ab. Der Reiseveranstalter verlangt Stornokosten. | Dem Reisekunden steht ein Anfechtungsrecht des Vertrages wegen Inhaltsirrtums zu. Der Reiseveranstalter kann keine Stornokosten verlangen. | AG München v. 12.9.2006 – 131 C 37551/05, RRa 2007, 177 f. |
| Änderungsvorbehalt<br><br>– Route – | Ein Reiseveranstalter hat sich in seinen Allgemeinen Geschäftsbedingungen (AGB) das Recht vorbehalten, eine Route zu ändern. | Wird eine Route auf einer Kreuzfahrt geändert und ein Hafen nicht angelaufen, steht dem Passagier auch ein Minderungsanspruch zu, wenn der Reiseveranstalter ein Recht zur Änderung in seinen AGB aufgenommen hat. | AG Rostock v. 29.11.2013 – 47 C 238/13, RRa 2014, 157 ff. |

| Problem | Sachverhalt | Anspruch | Fundstelle |
|---|---|---|---|
| Rauchverbot | Nach der Buchung der Reise wird auf dem gebuchten Kreuzfahrtschiff ein generelles Rauchverbot in den Kabinen eingeführt. | Kostenfreier Rücktritt vom Reisevertrag möglich. Es liegt eine wesentliche Änderung der Reiseleistung (erlaubtes Rauchen) vor. | OLG Rostock v. 27.10.2008 – 1 U 183/08, MDR 2009, 620 = RRa 2009, 49 ff. = NJW 2009, 302 ff. |
| Filmdreharbeiten | Nach Buchung der Kreuzfahrt wird dem Reisekunden mitgeteilt, dass während der Reise an Bord umfangreiche Filmdreharbeiten stattfinden. | Kostenfreier Rücktritt vom Reisevertrag möglich. | LG Lübeck v. 10.3.2000 – 1 S 109/99, RRa 2000, 133 f. |
| Kabinenwechsel | Statt der gebuchten und bestätigten Außenkabine wird dem Passagier mitgeteilt, dass er nur eine Innenkabine zur Verfügung gestellt bekommt. | Kündigung des Vertrages wegen Mängeln nach § 651e BGB möglich. Zudem ggf. Schadensersatz nach § 651f I und § 651f II BGB (entgangene Urlaubsfreude). | Vgl. unzumutbare Änderung der Unterkunft: AG Frankfurt/M. v. 30.10.2013 – 29 C 1527/13-73, NJW-RR 2014, 749 (Hotelwechsel); AG Hannover v. 21.4.2005 – 504 C 909/05, RRa 2005, 170 f. (Hotelwechsel); LG München I v. 28.3.2001 – 15 S 12104/00, NJW-RR 2002, 268 f. = RRa 2001, 138 f. (Hotelwechsel) |

| Problem | Sachverhalt | Anspruch | Fundstelle |
|---|---|---|---|
| Routenände-rung I | Der Reisekunde einer Frachtschiffs-reise wird vor Beginn der Reise darüber infor-miert, dass es zu einer umfangrei-chen Routenände-rung kommt (zwei Häfen fallen weg). | Kostenfreier Rück-tritt vom Reise-vertrag möglich (§ 651a V BGB). Der Reisepreis muss erstattet werden. | AG Hamburg-Altona v. 16.5.2006 – 316 C 19/06, RRa 2006, 221 ff. |
| Routenände-rung II | Vor Beginn einer 15-tägigen Kreuz-fahrt teilt der Rei-severanstalter mit, dass aufgrund der politischen Lage im Nahen Osten ein zugesagtes Ziel in Ägypten nicht angelaufen werden kann. | Kostenfreier Rück-tritt vom Reise-vertrag möglich (§ 651a V BGB). Reisepreis muss erstattet werden. | AG Erkelenz v. 18.2.2004 – 8 C 328/03, RRa 2004, 120 f. |
| Änderung der Reisezeit | Eine Reisegruppe wird kurz vor Beginn einer gebuchten Mit-telmeerkreuzfahrt davon unter-richtet, dass sich der Reisebeginn verschiebt, da das Schiff reparaturbe-dingt noch in der Werft liegt. | Kündigung des Reisevertrages wegen Reiseman-gel nach § 651e I BGB möglich. Schadensersatz nach § 651f I, II BGB. | Vgl. LG München I v. 25.4.1995 – 28 O 4632/94, NJW-RR 1995, 1522 f. = RRa 1996, 139 |

| Problem | Sachverhalt | Anspruch | Fundstelle |
|---|---|---|---|
| Absage der Kreuzfahrt | Der Reiseveranstalter teilt mit, dass eine gebuchte Flusskreuzfahrt nicht stattfinden kann, und bietet einen neuen Termin im nächsten Jahr an. | Anspruch auf Erstattung des Reisepreises und für unnütze Aufwendungen. Zusätzlich Schadensersatz i.H.v. 50 % des Reisepreises wegen entgangener Urlaubsfreude gem. § 651f II BGB. | LG Frankfurt/M. v. 29.10.2009 – 2/24 S 47/09, RRa 2010, 79 ff.; bestätigt durch BGH v. 26.5.2010 – Xa ZR 124/09, MDR 2010, 1099 f. = VersR 2010, 1466 ff. |

## f) Einreisebestimmungen

| Problem | Sachverhalt | Anspruch | Fundstelle |
|---|---|---|---|
| Informationen über Einreisebestimmungen<br><br>(Mitwirkungspflicht) | Ein Reisekunde kann die Reise nicht antreten, da sein Pass nur noch drei Monate gültig ist. Vom Reiseveranstalter wurde er schriftlich über die Einreisebestimmungen informiert, hat diese jedoch nicht sorgfältig genug beachtet. | Keine Ansprüche gegen den Reiseveranstalter. Es kann von einem Reisenden erwartet werden, die Buchungsunterlagen durchzulesen und zu prüfen. | LG Frankfurt/M. v. 19.2.2009 – 2/24 S 189/08, RRa 2009, 75 f. = NJW 2009, 1572 f. |

| Problem | Sachverhalt | Anspruch | Fundstelle |
|---|---|---|---|
| Falsche Informationen über Einreisebestimmungen I | Ein Reisender wird vom Reiseveranstalter falsch bzw. unzureichend über Einreisebestimmungen informiert und kann seine Kreuzfahrt nicht antreten. | Kündigung des Reisevertrages nach § 651e I BGB möglich. Anspruch auf Rückzahlung des Reisepreises. Zudem Schadensersatzansprüche wegen nutzloser Aufwendungen und nutzlos aufgewendeter Urlaubszeit (§ 651f II BGB). | Vgl. LG Frankfurt/M. v. 30.4.2009 – 2/24 S 136/08, RRa 2009, 221 ff. (Busreise) |
| Falsche Informationen über Einreisebestimmungen II | Ein Reisebüro gibt Informationen über Einreisebestimmungen unvollständig an den Reisenden weiter. Die Reise kann wegen fehlender Reisedokumente nicht angetreten werden. | Das Reisebüro macht sich gegenüber dem Reisenden schadensersatzpflichtig. | AG Würzburg v. 15.6.2004 – 16 C 353/04, RRa 2004, 187 f. |

## 3. Anreise zum Schiff/Rückreise vom Schiff

Sofern die An- und Abreise zum Kreuzfahrtschiff mit zum Bestandteil des Reisevertrages gehört, können sich bei Mängeln Gewährleistungsansprüche des Reisenden ergeben.

### a) Bus

| Problem | Sachverhalt | Anspruch | Fundstelle |
|---|---|---|---|
| Bustransfer verspätet I | Der Bustransfer vom Flughafen zum Kreuzfahrtschiff beginnt nach einer nächtlichen Wartezeit von 4 ½ Stunden. | 50 % Preisminderung des anteiligen Reisepreises für einen Tag. | AG Hamburg v. 30.3.2004 – 23 A C 248/03, RRa 2004, 182 |
| Bustransfer verspätet II | Auf einer Nilkreuzfahrt wird der Passagier nach Ankunft in Ägypten erst nachts in einem Hotel untergebracht und erst am Abend zum Schiff gebracht. Der Transfer vom Flughafen zum Schiff sollte direkt nach der Ankunft erfolgen. | Preisminderung in Höhe von 2/3 des anteiligen Reisepreises für einen Tag. | AG Hamburg-Altona v. 29.11.2000, 316 C 169/00 |
| Bustransfer fehlt | Ein Zubringer-Bus für eine Kreuzfahrt fährt nicht am vereinbarten Halteplatz ab. Der Passagier verpasst die Abfahrt des Schiffes. | Kündigung des Reisevertrages wegen Mängeln nach § 651e I BGB möglich. Der vollständige Reisepreis muss erstattet werden. | AG Frankfurt/M. v. 18.11.1994 – 32 C 2890/94-48, RRa 1995, 73 f. = NJW-RR 1995, 694 f. |

## b) Flug

## aa) Kein Flug trotz Buchung

| Problem | Sachverhalt | Anspruch | Fundstelle |
|---|---|---|---|
| Flug verpasst | Ein Urlauber bucht eine Kreuzfahrt mit Fluganreise. Beim Einchecken am Flughafen kommt es zu einer Verzögerung. Durch eine Fehlinformation einer Mitarbeiterin der Airline kommt der Passagier zu spät zum Abfluggate und verpasst den Flug. Erst vier Tage später kann die Kreuzfahrt mittels Ersatzflug angetreten werden. | Es liegt ein schuldhaftes Verhalten der Mitarbeiterin der Fluggesellschaft vor, das sich der Reiseveranstalter zurechnen lassen muss. Der Reiseveranstalter muss an den Urlauber u. a. den anteiligen Reisepreis für 4 Tage und die Mehrkosten für die Ersatzbeförderung erstatten sowie Schadensersatz wegen entgangener Urlaubsfreude (§ 651f II BGB) für 4 Tage leisten. | AG Rostock v. 6.9.2013 – 47 C 303/12, RRa 2013, 287 f. = NJW-RR 2014, 496 f. |

## bb) Verspätung/Verlegung/Ausfall

| Problem | Sachverhalt | Anspruch | Fundstelle |
|---|---|---|---|
| Flugverspätung über 4 Stunden | Abflugverspätung des Fluges von 10 Stunden, das Schiff wird erreicht. | 5 % Minderung des anteiligen Reisepreises für einen Tag ab der 5. Stunde Wartezeit. | AG Rostock v. 4.4.2012 – 47 C 299/11, RRa 2012, 138 ff.; vgl. LG Frankfurt/M. v. 27.1.2009 – 2/24 S 177/08, RRa 2009, 72 ff.; AG Duisburg v. 9.7.2012 – 71 C 1784/12, RRa 2012, 226 f. |
| Erhebliche Flugverspätung I | Ein Flug nach Luxor zum Start einer Nilkreuzfahrt verspätet sich, und der Passagier kommt 19 Stunden später auf dem Nilschiff an. | Minderung in Höhe von 100 % des anteiligen Reisepreises für einen Tag. | AG Hamburg v. 4.6.2003 – 10 C 60/03, RRa 2003, 226 f. = NJW-RR 2004, 142 |
| Erhebliche Flugverspätung II | Auf einer kombinierten Flug- und Kreuzfahrtreise verspätet sich der Abflug zu Beginn der Reise um 20 Stunden. | Minderung in Höhe von 100 % des anteiligen Reisepreises für einen Tag. | LG Frankfurt/M. v. 10.7.1997 – 2/24 S 374/96; RRa 1997, 218 f. |

| Problem | Sachverhalt | Anspruch | Fundstelle |
|---|---|---|---|
| Zwischen-landung I | Ein Passagier bucht eine Kreuz-fahrt ab Bangkok inkl. Flug. Auf dem Flug nach Bang-kok kommt es zu einer nicht verein-barten Zwischen-landung in Dubai. Die Anreise zum Schiff verlängert sich um 4 Stunden und 40 Minuten. | Minderung in Höhe von 10 % des anteiligen Tagesreisepreises. | AG Rostock v. 18.3.2011 – 47 C 241/10, RRa 2011, 123 f. |
| Zwischenlan-dung II (Notlandung) | Ein Passagier bucht eine Kreuz-fahrt inkl. Flug-anreise. Wegen eines technischen Defekts muss das Flugzeug notlan-den. Durch daraus resultierende Ver-zögerungen bei der Anreise zum Schiff verkürzt sich die Kreuzfahrt um 2 Tage. | Der Passagier hat Anspruch auf eine Preisminderung in Höhe von 100 % des anteiligen Reisepreises für 2 Tage. | AG Rostock v. 28.1.2015 – 47 C 181/14 |
| Flugverlegung in die Nacht | Verlegung des Hinfluges um 10 ½ Stunden in die Nacht statt am Tag. Das Schiff wird erreicht. | 50 % Minderung des anteiligen Reisepreises für einen Tag. | Vgl. AG Düssel-dorf v. 5.6.1997 – 49 C 20720/96, RRa 1997, 226 f. |

| Problem | Sachverhalt | Anspruch | Fundstelle |
| --- | --- | --- | --- |
| Verspätung mit Folgen I | Ein Kreuzfahrturlauber bucht seinen Flug zum Ausgangshafen (Miami) nicht beim Reiseveranstalter, sondern direkt bei der Fluggesellschaft. Bei einer Zwischenlandung mit Umsteigen kommt es zu einer von der Fluggesellschaft zu vertretenen verspäteten Weiterbeförderung. Da das Schiff nicht mehr erreicht werden kann, bricht der Urlauber die Reise ab. | Der Passagier hat gegen die Fluggesellschaft Schadensersatzansprüche, u.a. Übernahme der Stornokosten der Kreuzfahrt und Erstattung der Flugticketkosten. | AG Wedding v. 25.3.2011 – 16 C 167/10, RRa 2012, 81 ff. |
| Verspätung mit Folgen II | Ein Urlauber will in Santos/Brasilien eine Kreuzfahrt inkl. Fluganreise antreten. Der Flug dorthin verzögert sich zunächst wegen eines Streiks und sodann wegen eines technischen Defekts am Flugzeug. Erst 2 Tage später kann die Kreuzfahrt ab Rio de Janeiro angetreten werden. | Minderungsanspruch gegen den Reiseveranstalter in Höhe von 100 % des anteiligen Tagesreisepreises für 2 Tage. Die Berechnung des Tagesreisepreises erfolgt anhand des Gesamtreisepreises. | AG Rostock v. 28.1.2015 – 47 C 181/14 |

| Problem | Sachverhalt | Anspruch | Fundstelle |
|---------|-------------|----------|------------|
| Verspätete Rückreise I | Nach Ende der Kreuzfahrt kann der Passagier wegen einer Luftraumsperrung (Aschewolke) von der Hafenstadt nicht zurück zum vereinbarten Zielflughafen fliegen. Per Bustransfer kommt der Passagier mit dreitägiger Verspätung am Zielort an. | 100 % Preisminderung des anteiligen Tagespreises für den letzten Urlaubstag. Kein weitergehender Schadensersatz, da die verzögerte Rückreise auf höherer Gewalt beruht. | AG Rostock v. 4.2.2011 – 47 C 410/10, RRa 2011, 74 f. = VuR 2011, 229 f. |
| Verspätete Rückreise II | Am Ende einer Kreuzfahrtreise verzögert sich der Rückflug (Langstreckenflug) um 21 Stunden. | Flugverspätungen auf einem Langstreckenflug sind bis zu 8 Stunden hinzunehmen. Für größere Verspätungen kann der Reisepreis ab der 9. Stunde gemindert werden, 5 % des anteiligen Reisepreises für einen Tag pro Stunde. | AG München v. 27.4.2001 – 274 C 23427/00, RRa 2002, 25 f. |

## cc) Flugroute

| Problem | Sachverhalt | Anspruch | Fundstelle |
|---|---|---|---|
| Änderung des Flugziels | Auf dem Hinflug zum Ausgangshafen wird der Zielflughafen geändert. Anschließend erfolgt ein Bustransfer von 10 Stunden. Das Schiff wird erreicht. | 100 % Minderung des anteiligen Reisepreises für einen Tag. | Vgl. AG Hamburg-Altona v. 5.2.2001 –319 C 451/00, RRa 2001, 104 (Bustransfer auf der Rückreise) |
| Zwischenlandung | Es wurde eine Flugverbindung (Nonstop-Flug) von Frankfurt/M. nach Bangkok zum Abfahrtshafen gebucht. Es wird eine Zwischenlandung in Dubai vorgenommen, die Reisezeit verlängert sich um ca. 4 ½ Stunden. | 10 % Minderung des anteiligen Reisepreises für einen Tag. | AG Rostock v. 18.3.2011 – 47 C 241/10, RRa 2011, 123 f. |
| Falscher Flughafen | Der Reiseveranstalter informiert den Kunden nur unzureichend über den Abflughafen. Der Kunde fährt zu einem falschen Flughafen. Um das Kreuzfahrtschiff dennoch zu erreichen, bucht der Kunde einen Ersatzflug. | Preisminderung möglich und Schadensersatz bezüglich der Mehraufwendungen, d.h. Flugkosten, Fahrtkosten zum falschen Flughafen. | AG Rostock v. 23.4.2010 – 43 C 212/09, RRa 2010, 265 f. |

## dd) Fluggesellschaft

| Problem | Sachverhalt | Anspruch | Fundstelle |
|---|---|---|---|
| Wechsel der Fluggesell-schaft I | Die für den Flug vorgesehene Fluggesellschaft wird gewechselt. Es wurde eine bestimmte Fluggesellschaft zugesichert. | 5 % Preisminderung des anteiligen Tagesreisepreises. | AG Hamburg v. 4.3.2004 – 4 C 378/02, RRa 2004, 122 f.; AG Hamburg v. 23.1.2002 – 17a C 479/01, RRa 2002, 263 ff. |
| Wechsel der Fluggesell-schaft II | Ein Reisender will ausdrücklich mit einer deutschen Fluggesellschaft fliegen. Trotz Zusage erfolgt der Flug mit einer ausländischen Fluggesellschaft. | 5 % Minderung des Reisepreises. | AG Bonn v. 13.1.1997 – 4 C 396/96, RRa 1997, 197 |
| Wechsel der Fluggesell-schaft III | Die vertraglich vereinbarte Fluggesellschaft für den Flug zum Ausgangshafen einer Kreuzfahrt wird gewechselt. Der Passagier beklagt sich über Qualitätsmängel beim Bordservice. | 5 % Minderung des anteiligen Tagesreisepreises. | AG Rostock v. 3.11.2010 – 47 C 240/10, RRa 2011, 72 f. |

## ee) Service an Bord

| Problem | Sachverhalt | Anspruch | Fundstelle |
|---------|-------------|----------|------------|
| Sandwiches | Auf dem Flug zum Kreuzfahrtschiff wird dem Passagier ein halbgefrorenes Sandwich serviert. Er verlangt eine Preisminderung. | Kein Anspruch auf Preisminderung. Es handelt sich um eine hinzunehmende Unannehmlichkeit. | AG Rostock v. 3.11.2010 – 47 C 240/10, RRa 2011, 72 f. |

## ff) Gepäck

| Problem | Sachverhalt | Anspruch | Fundstelle |
|---------|-------------|----------|------------|
| Gepäck fehlt am ersten Tag | Aufgegebenes Fluggepäck wird erst einen Tag später auf das Schiff gebracht. | 40 % Preisminderung des anteiligen Reisepreises für einen Tag. | LG Frankfurt/M. v. 20.12.1993, 2/24 S 230/93 – NJW-RR 1994, 309 f. = RRa 1994, 85 |
| Gepäck 4 Tage später | Aufgegebenes Gepäck wird 4 Tage später zum Schiff gebracht. | 25–30 % des Tagespreises pro betroffenem Urlaubstag. Schadensersatz für Ersatzkäufe (z. B. Hygieneartikel). | Vgl. AG Frankfurt/M. v. 20.4.2000 – 32 C 3141/99, NJW-RR 2001, 639 = RRa 2001, 142 (25 %, Afrikarundreise); AG Frankfurt/M. v. 29.5.2001 – 29 C 2166/00-46, RRa 2002, 22 f. (30 %, Hotelaufenthalt) |

| Problem | Sachverhalt | Anspruch | Fundstelle |
|---|---|---|---|
| Gepäck 8 Tage später | Auf einer Kreuzfahrt in die Antarktis wird aufgegebenes Fluggepäck erst nach 8 Tagen auf das Schiff nachgeliefert. Der Passagier macht zuvor Noteinkäufe (erhält hierfür Geld vom Reiseveranstalter). | 50 % Preisminderung des anteiligen Tagesreisepreises pro betroffenen Urlaubstag. Zudem Schadensersatz wegen entgangener Urlaubsfreude. | LG Frankfurt/M. v. 5.6.2007 – 2/24 S 44/06, RRa 2007, 269 ff. |
| Gepäck fehlt I | Für den Flug aufgegebenes Gepäck ist nach der Landung nicht auffindbar und es ist ungewiss, ob es noch auf das Schiff nachgeliefert werden kann. | Kündigung des Vertrages nach § 651e I BGB möglich. Schadensersatz nach § 651f I BGB (z.B. Mehrkosten für die Rückreise) und § 651f II BGB (entgangene Urlaubsfreude). | Vgl. LG Hannover v. 19.4.1985 – 8 S 393/84, NJW 1985, 2903 f. |

| Problem | Sachverhalt | Anspruch | Fundstelle |
|---|---|---|---|
| Gepäck fehlt II | Das vom Urlauber aufgegebene Fluggepäck fehlt, und der Passagier muss ohne Gepäck die Kreuzfahrt antreten. Nach Vorgaben der Reiseausschreibung wird vom Reisenden an Bord eine besondere Abendkleidung erwartet. Entsprechende Abendkleidung kann an Bord aber nicht gekauft werden. | Der Reisepreis kann um 50 % gemindert werden. Das Fehlen des Gepäcks stellt eine besondere Beeinträchtigung dar, die nicht durch den Erwerb von Ersatzkleidung gemildert (kompensiert) werden kann. | LG Frankfurt/M. v. 10.1.2014 – 2/24 S 137/13 |

## 4. Start der Kreuzfahrt

### a) Schiffswechsel

| Problem | Sachverhalt | Anspruch | Fundstelle |
|---|---|---|---|
| Schiffs-wechsel I | Das zugesagte Nilkreuzfahrtschiff wird nicht zur Verfügung gestellt, sondern ein Ersatz-schiff angeboten. Der Reiseveran-stalter kann nicht beweisen, dass die Schiffe gleichwer-tig sind. | Der Reisende hat Anspruch auf 10 % Minderung des Reisepreises. | AG Düsseldorf v. 21.8.2001 – 21 C 15471/00, NJW-RR 2002, 562 f. = RRa 2002, 188 |
| Schiffs-wechsel II | Ein in der Reise-ausschreibung beschriebenes Nilkreuzfahrtschiff wird nicht zur Verfügung gestellt, sondern ein kleine-res Schiff. Die be-wohnte Kabine ist kleiner als auf dem gebuchten Schiff, zudem schlechter ausgestattet. | Der Reisende hat Anspruch auf 10 % Minderung des Reisepreises. | AG Braunschweig v. 23.11.1993 – 112 C 1431/93, RRa 1994, 47 f. |

| Problem | Sachverhalt | Anspruch | Fundstelle |
|---|---|---|---|
| Schiffs-wechsel III | Das zugesagte Kreuzfahrtschiff wird auf einer kombinierten Flug- und Kreuzfahrtreise nicht zur Verfügung gestellt und ein Ersatzschiff angeboten. Die Kreuzfahrt dauert 4 Tage. | 20 % Preisminderung des anteiligen Reisepreises für 4 Tage. Auf eine unterschiedliche Ausstattung der Schiffe kommt es nicht an. | LG Frankfurt/M. v. 10.7.1997 – 2/24 S 374/96, RRa 1997, 218 f. |
| Schiffs-wechsel IV | Das zugesagte Nilkreuzfahrtschiff wird gewechselt. Der Passagier wird auf einem kleineren und älteren Schiff untergebracht, das in Komfort und Ausstattung schlechter ist. | 40 % Minderung des Reisepreises. | AG Düsseldorf v. 12.3.1992 – 42 C 16273/91, RRa 1994, 105 |
| Schiffs-wechsel V (Schiffsart) | Statt mit einem Motorsegler wird die Kreuzfahrt mit einem Motorschiff ohne Mast und Segel durchgeführt. | 15 % Minderung des Reisepreises. | AG Hamburg v. 16.5.2000 – 18 B C 467/99, RRa 2001, 35 f. |
| Schiffs-wechsel VI (Zielgruppe) | Statt auf dem gebuchten Schiff, das für junge Menschen bis 25 Jahren konzipiert ist, wird ein Passagier auf ein Schiff umgebucht, das von Gästen über 75 Jahren bevorzugt wird. | Preisminderung bzw. Kündigung des Reisevertrages nach § 651e I BGB wegen Reisemangel. Schadensersatz nach § 651f I, II BGB möglich. | Vgl. LG Frankfurt/M. v. 22.7.2004 – 2/24 S 15/04, RRa 2005, 166 f. |

## b) Zugang an Bord/Verzögerung der Abfahrt u.a.

| Problem | Sachverhalt | Anspruch | Fundstelle |
|---|---|---|---|
| Wartezeit beim Zutritt an Bord | Beim Einchecken auf dem Schiff kommt es zu einer Wartezeit von fast 4 Stunden. | Keine Preisminderung, da dieses im Zeitalter des Massentourismus entschädigungslos hinzunehmen ist. | Vgl. AG Duisburg v. 8.4.2003 – 73 C 166/03, RRa 2003, 121 (Hotel) |
| Kabinenverlosung | Für eine Flusskreuzfahrt wird keine bestimmte Kabine zugesagt, sondern an Bord werden die Kabinen verlost. | Keine Preisminderung. Es erfolgte keine vertragliche Zusage über die Lage der Kabine. | AG Hamburg v. 10.3.2004 – 10 C 514/03, RRa 2004, 123 ff. |
| Kein Zugang zum Schiff | Einem Passagier, der überwiegend auf einen Rollstuhl angewiesen ist, ist der Zugang zum Flusskreuzfahrtschiff nur über ein danebenliegendes Schiff möglich, dabei müssen 18 Treppen überwunden werden. Dem Reiseveranstalter war die schwere Gehbehinderung des Passagiers bei Reisebuchung bekannt. | Kündigung des Reisevertrages wegen Reisemangel (§ 651e BGB) möglich. Der Reiseveranstalter muss den Reisepreis erstatten und zusätzlich Schadensersatz nach § 651f BGB leisten. | OLG Hamm v. 21.10.2011 – 7 U 69/11 |

| Problem | Sachverhalt | Anspruch | Fundstelle |
|---|---|---|---|
| Verspätete Abfahrt I | Reparaturbedingt liegt das Kreuzfahrtschiff im Hafen, die Abfahrt der 14-tägigen Kreuzfahrt verzögert sich um 2 ½ Tage. Dadurch werden 3 von 10 Folgehäfen aus Zeitmangel nicht angefahren. | 80 % Preisminderung des anteiligen Reisepreises für 3 Tage. | AG Erkelenz v. 27.1.2003 – 14 C 464/03, RRa 2004, 71 f. |
| Verspätete Abfahrt II | Eine 18-tägige Kreuzfahrt beginnt reparaturbedingt einen Tag später, 2 Häfen werden dadurch nicht erreicht. | 30 % Minderung des Gesamtreisepreises. Eine Kündigung des Reisevertrages ist aber nicht gerechtfertigt, da keine erhebliche Beeinträchtigung vorliegt. | Vgl. AG Bonn v. 25.6.1998 – 18 C 283/97, RRa 1999, 87 f. |
| Kein Segeltörn | Ein gebuchter Segeltörn wird mit Motorkraft durchgeführt, obwohl die Witterung Segeln zulässt. | 70 % Minderung des Reisepreises und Schadensersatz wegen entgangener Urlaubsfreude. | LG Hannover v. 30.9.1998 – 12 S 55/98, RRa 1999, 207 = NJW-RR 1999, 1004 f. |

## 5. Schiffskabine

### a) Kabinengröße

| Problem | Sachverhalt | Anspruch | Fundstelle |
|---|---|---|---|
| Kleine Vierbettkabine | Ohne konkrete Absprache über die Größe einer Vierbettkabine wird einer Familie eine 9-qm-Kabine zugeteilt. | 7,5 % Preisminderung, da 9 qm auch bei fehlender Absprache zu klein sind. | AG München v. 20.4.1989 – 1163 C 43496/88, MDR 1990, 52 = NJW-RR 1989, 1528 |

### b) Kabinenausstattung

### aa) Fehlende Ausstattung

| Problem | Sachverhalt | Anspruch | Fundstelle |
|---|---|---|---|
| Fernseher | In der Kabine fehlt der zugesagte Fernseher. | 5 % Minderung des Reisepreises. | Vgl. LG Frankfurt/M. v. 19.10.1992 – 2/24 S 68/92, NJW-RR 1993, 61 f. (Hotelzimmer) |
| Fernseher ohne deutsches Programm | In der Kabine des Passagiers ist ein Fernseher, mit dem entgegen der Zusicherung nicht mehrere deutsche Programme zu empfangen sind. | 2,5 % Minderung des Reisepreises. | Vgl. AG Duisburg v. 6.3.2007 – 49 C 5703/06, RRa 2007, 141 f. (Hotelzimmer) |

| Problem | Sachverhalt | Anspruch | Fundstelle |
|---|---|---|---|
| Behinderten-gerechte Kabine | Die Kabine ist nicht wie zugesagt rollstuhlgerecht eingerichtet und für einen Rollstuhlfahrer nur mit Mühen zu bewohnen. | 50 % Minde-rung des Reise-preises für den Rollstuhlfahrer, 30 % Preismin-derung für die Begleitperson. | AG Bonn v. 12.12.1996 – 4 C 191/96, NJW-RR 1997, 1342 f = RRa 1998, 85 |
| Kurzes Schlafsofa | In einer Dreibett-kabine ist das dritte Bett ein zu kurzes Schlafsofa. | 35 % Minderung des Reisepreises. | AG Offenbach/M. v. 31.1.2001 – 31 C 6017/00, RRa 2001, 97 |
| Musikanlage | In der Kabine fehlt eine zugesicherte Musikanlage. | 5 % Minderung des Reisepreises. | Vgl. AG Kleve v. 18.12.1997 – 28 C 426/97, RRa 1998, 104 (Hotel-zimmer) |
| Klimaanlage | Die zugesicherte Klimaanlage in der Kabine ist nicht vorhanden. | 25 % Minderung des Reisepreises. | AG Königstein v. 8.5.1996 – 21 C 97/96, RRa 1996, 150 f. |
| Dusche/WC | In der Kabine fehlt die zugesicherte Dusche mit WC. | 15 % Minderung des Reisepreises. | AG Königstein v. 8.5.1996 – 21 C 97/96, RRa 1996, 150 f. |
| Minibar | In der Kabine fehlt die zugesagte Minibar. | 5 % Minderung des Reisepreises. | Vgl. AG Kleve v. 18.12.1997 – 28 C 426/97, RRa 1998, 104 (Hotel-zimmer) |
| Bettdecke | Auf einem Segel-schoner erhält der Passagier statt einer Bettdecke nur eine verfleckte Flanelldecke. | 5 % Minderung des Reisepreises. | AG Königstein v. 8.5.1996 – 21 C 97/96, RRa 1996, 150 f. |

## bb) Defekte Ausstattung

| Problem | Sachverhalt | Anspruch | Fundstelle |
| --- | --- | --- | --- |
| Klimaanlage | Die Klimaanlage in einer Kabine auf einer ca. 25.000 € teuren Kreuzfahrt durch tropische und subtropische Gebiete funktioniert nur unzureichend. Die Anlage ist nur schlecht individuell regelbar. | 1.500 € Preisminderung. | OLG Koblenz v. 13.6.2012 – 5 U 1501/11, MDR 2012, 894 f. = RRa 2012, 175 ff. = NJW-RR 2012, 1082 ff. |
| Warmwasser | Beim Duschen in der Kabine ist kein warmes Wasser vorhanden. | 5 % Preisminderung des anteiligen Tagesreisepreises pro betroffenen Tag. | Vgl. AG Bielefeld v. 9.7.2001 – 42 C 1263/00, RRa 2001, 208 f. (Hotelzimmer) |

## c) Kabinenaussicht

| Problem | Sachverhalt | Anspruch | Fundstelle |
|---|---|---|---|
| Kein Meerblick trotz Außenkabine | Obwohl eine Außenkabine gebucht, hat der Passagier aus seiner Kabine keine freie Sicht auf das Meer. Die Kabine ist zurückgesetzt, und der Passagier blickt aus der Kabine auf die Schiffsaußenwand. | 15 % Preisminderung. Wer eine Außenkabine bucht, hat Anspruch auf freie Sicht auf das Wasser. Auf Einschränkungen muss in der Reiseausschreibung hingewiesen werden. | AG Stuttgart-Bad Cannstatt v. 5.1.1996 – 10 C 3489/95, RRa 1996, 56 f. |
| Eingeschränkter Blick auf das Meer | Auf einem Foto im Katalog ist eine Außenkabine mit freiem Blick auf das Meer beworben. Tatsächlich richtet sich der Blick auf eine Stahlbrüstung. Nur stehend auf dem Balkon kann man einen uneingeschränkten Meerblick haben. | 5 % Preisminderung. Die Fotobeschreibung stellt eine zugesicherte Eigenschaft dar. | AG Rostock v. 12.9.2008 – 41 C 190/08, RRa 2009, 102 f. |

# 6. Schiffsausstattung

| Problem | Sachverhalt | Anspruch | Fundstelle |
|---|---|---|---|
| Pool nicht nutzbar | Ein zugesagter Pool an Deck ist nicht mit Wasser befüllt. | 5 % Minderung des Reisepreises. | AG München v. 27.4.2001 – 274 C 23427/00, RRa 2002, 25 f. |
| Disco | Die an Bord eines Schiffes zugesagte Disco öffnet erst ab Mitternacht und bietet keine Tanzmusik für ältere Passagiere. | Kein Anspruch auf Reisepreisminderung. Es ist üblich, dass Discos erst zu späterer Stunde geöffnet und besucht werden. Bestimmte Musik kann man in einer Disco, ohne Zusagen des Reiseveranstalters, nicht erwarten. | AG München v. 27.4.2001 – 274 C 23427/00, RRa 2002, 25 f. |

## 7. Während der Kreuzfahrt – an Bord

### a) Lärm/Vibrationen

| Problem | Sachverhalt | Anspruch | Fundstelle |
|---|---|---|---|
| Motorenlärm | In einer Kabine im Schiffsheck sind Motorengeräusche lauter zu hören als in Kabinen weiter vorne. | Keine Preisminderung. Motorenlärm, auch in größerer Laustärke, ist auf einem Schiff typisch. | AG München v. 18.7.2007 – 242 C 16587/07; AG Hamburg v. 3.6.2003 – 4 C 446/01, RRa 2003, 225 f. |
| Deckreinigung | An einem Tag wird das Außendeck früh morgens mit einem Hochdruckreiniger sauber gemacht. | Keine Preisminderung. Es handelt sich dabei um ein singuläres Ereignis, das als unerhebliche Beeinträchtigung außer Betracht bleibt. | AG Wiesbaden v. 26.03.2015 – 92 C 4334/14 |
| Musik | Die Kabine des Passagiers befindet sich in der Nähe einer Bar. Bis Mitternacht ist in der Kabine Musik zu hören und stört den Passagier. | 20 % Minderung des Reisepreises. | AG Rostock v. 12.3.2010 – 48 C 303/09, RRa 2010, 139 f. |

| Problem | Sachverhalt | Anspruch | Fundstelle |
|---|---|---|---|
| Nachbarkabine | Aus einer Nachbarkabine auf dem Schiff kommt es regelmäßig zu Lärmbelästigungen, da es dort wiederholt lautstarke Auseinandersetzungen gibt. Die Reiseleitung schafft trotz Möglichkeiten keine Abhilfe. | 15 % Minderung des Reisepreises. | OLG Frankfurt/M. v. 1.12.1982 – 17 U 30/82, NJW 1983, 235 ff. = VersR 1983, 761 ff. |
| Defekte Stabilisatoren | Die Nachtruhe auf einem Schiff wird durch defekte Stabilisatoren empfindlich gestört. | 50 % Preisminderung des anteiligen Tagesreisepreises für jede gestörte Nacht. Zusätzlich Schadensersatz wegen entgangener Urlaubsfreude, § 651f II BGB. | AG Frankfurt/M. v. 5.9.2005 – 30 C 1259/05, NJW-RR 2006, 194 f. = RRa 2006, 238 = VuR 2006, 206 |

## b) Sauberkeit

| Problem | Sachverhalt | Anspruch | Fundstelle |
|---|---|---|---|
| Reinigung der Kabine | Auf einer 7-tägigen Nilkreuzfahrt auf einem 4*-Schiff wird die Kabine nicht gereinigt. | 5 % Minderung des Reisepreises. Es kann erwartet werden, dass neben einer Grundreinigung der Kabine zum Start der Reise mindestens 2 weitere Reinigungen erfolgen. | AG Hamburg v. 10.3.2004 – 10 C 514/03, RRa 2004, 123 f. |
| Unsauberes Geschirr | Auf einer Kreuzfahrt ist im Restaurant das zur Verfügung gestellte Geschirr dreckig. | Minderung des Reisepreises in Höhe von 5 %. | AG Königstein v. 8.5.1996 – 21 C 97/96, RRa 1996, 150 f. |

## c) Verpflegung/Service

| Problem | Sachverhalt | Anspruch | Fundstelle |
|---|---|---|---|
| Schicht-prinzip I | Die Mahlzeiten an Bord werden (im Hauptrestaurant) im Schichtprinzip angeboten, d. h. zum Abendessen eine frühe und eine spätere Zeit. | Keine Preisminderung, da das Schichtprinzip gerade auf großen Kreuzfahrtschiffen üblich ist. Es stellt eine reine Unannehmlichkeit dar. | Vgl. LG Duisburg v. 24.11.2005 – 12 S 26/05, RRa 2006, 113 ff. = VuR 2006, 368 (Hotel) |
| Schicht-prinzip II | Die Mahlzeiten an Bord werden (im Hauptrestaurant) im Schichtprinzip angeboten. Dem Passagier wird keine Wahlmöglichkeit gelassen, sondern er wird einer frühen oder späten Essenszeit zugeteilt. | 10 % Minderung des Reisepreises, wenn im Vorfeld der Reise auf den Umstand in der Reiseausschreibung nicht ausdrücklich hingewiesen wird. | Vgl. AG Düsseldorf v. 1.6.2001 – 52 C 2500/01, NJW-RR 2001, 1347 = RRa 2002, 47 (Hotel) |
| Lauwarmes Essen | Die Mahlzeiten an Bord werden stets nur lauwarm serviert. | 5 % Minderung des Reisepreises. | Vgl. AG München v. 27.4.2001 – 274 C 23427/00, RRa 2002, 25 f. (Hotel) |

## d) Personal

| Problem | Sachverhalt | Anspruch | Fundstelle |
|---|---|---|---|
| Schiffsarzt | Der Schiffsarzt macht einen Behandlungsfehler. | Keine Preisminderung und kein Schadensersatz gegenüber dem Reiseveranstalter. Der an Bord tätige Schiffsarzt ist kein Erfüllungsgehilfe des Reiseveranstalters. | Hans. OLG Hamburg v. 2.11.1984 – 1 U 18/84, MDR 1985, 141; OLG Frankfurt v. 8.4.1993 – 16 U 102/92, VuR 1993, 237 f.; AG Rostock v. 9.3.2012 – 47 C 406/11, RRa 2012, 193 f.; AG Offenbach/M. v. 21.12.2007 – 39 C 317/07, RRa 2008, 83 ff. |
| Kein englischsprachiges Personal | Auf einem chinesischen Kreuzfahrtschiff ist trotz Zusage kein englischsprachiges Personal. | 10 % Minderung des Tagespreises für jeden Tag des Ausfalles. | LG Frankfurt/M. v. 10.7.1997 – 2/24 S 374/96, RRa 1997, 218 f. |
| Reiseleitung fehlt I | Eine zugesagte deutsche Reiseleitung fehlt auf dem Schiff. | 5 % Minderung des Reisepreises. | LG Frankfurt/M. v. 25.7.2002 – 2/24 S 377/01, RRa 2004, 166 f. |
| Reiseleitung fehlt II | Eine deutschsprachige Reiseleitung für eine Kreuzfahrt durch die »Drei Schluchten« (China) fehlt. | 20 % Minderung bezogen auf den Tagesreisepreis der betroffenen Tage. | LG Frankfurt/M. v. 10.7.1997 – 2/24 S 374/96, RRa 1997, 218 f. |

| Problem | Sachverhalt | Anspruch | Fundstelle |
|---|---|---|---|
| Aufdringliche Werbung | An Bord eines Flusskreuzfahrtschiffes wird von der Reiseleitung ein kostenpflichtiger Galaabend aufdringlich, fast aggressiv beworben und der Passagier zur Teilnahme gedrängt. | 10 % Minderung des Reisepreises. | AG Hamburg v. 10.3.2004 – 10 C 514/03, RRa 2004, 123 ff. |
| Fehlender Service im Restaurant | Bei den Mahlzeiten an Bord eines Segelschoners fehlt der Service. Der Passagier muss seine Mahlzeiten aus der Küche selbst zum Tisch tragen. | 5 % Preisminderung. | AG Königstein v. 8.5.1996 – 21 C 97/96, RRa 1996, 150 f. |
| Sachschaden

– Bügelschaden – | Ein Passagier gibt seine Hosen und Hemden in der Wäscherei zum Waschen und zum Bügeln ab und bekommt sie beschädigt zurück. | Die Nichtnutzbarkeit der schadhaften Kleidungsstücke berechtigt zu einer Preisminderung. Schadensersatz für beschädigte Kleidung. | AG Frankfurt/M. v. 24.2.1993 – 31 C 1135/92-16, NJW-RR 1993, 1328 f. = RRa 1994, 18 = VuR 1994, 52 |

## e) Mitreisende

| Problem | Sachverhalt | Anspruch | Fundstelle |
|---|---|---|---|
| Kleiderordnung | Mitreisende auf einem Kreuzfahrtschiff halten sich nicht an den üblichen Kleiderstil. | Keine Preisminderung. Kein Passagier hat einen Anspruch in Bezug auf Charakter, Umgangsformen und Kleidungsstil von Mitreisenden. | Vgl. AG Frankfurt/M. v. 9.5.1996 – 32 C 1579/95-41, RRa 1996, 200 |
| Andere Nationalitäten | Auf einem Schiff, das nach Prospektangaben von Deutschen bevorzugt wird, sind 80–90 % Gäste anderer Nationalität. | Keine Preisminderung. Es wird mit der Katalogbeschreibung nicht zugesichert, dass eine Überzahl deutscher Passagiere an Bord ist. | Vgl. LG Kleve v. 23.11.2000 – 6 S 369/00, RRa 2001, 233 (Hotel) |
| Geselligkeit | Auf einer Karibikkreuzfahrt mit 560 Passagieren gehören 500 einer Schweizer Folkloregruppe an. Das Unterhaltungsprogramm (Blasmusik, Jodeln, Trachtentänze, Alphornblasen u.a.) bestimmt die Kreuzfahrt. | 40 % Minderung des Reisepreises. | LG Frankfurt/M. v. 19.4.1993 – 2/24 S 341/92 NJW-RR 1993, 951 f. a. A. kein Reisemangel, LG Hamburg v. 19.8.1993 – 302 S 18/93, MDR 1993, 950 = NJW-RR 1993, 1465 f. |

## f) Erkrankungen

| Problem | Sachverhalt | Anspruch | Fundstelle |
|---|---|---|---|
| Seekrankheit | Bei Windstärke 7 wird ein Passagier seekrank und erleidet einen Kreislaufkollaps. | Kein Anspruch auf Minderung und Schadensersatz. Bei einer Kreuzfahrt lässt sich hoher Wellengang nicht immer vermeiden. Ein Reiseveranstalter übernimmt keine Gewähr dafür, dass eine Kreuzfahrt stets in ruhiger See erfolgt. | OLG Frankfurt/M. v. 16.9.1992 – 19 U 231/91 |
| Magen-Darm-Erkrankung I | Ein Reisekunde, der zu einer Reisegruppe von 30 Personen gehört, erkrankt an Bord eines Nilschiffes an einer Magen-Darm-Infektion. Neben dem Urlauber erkranken noch 6 weitere Passagiere. Alle Teilnehmer der Gruppe haben an den Mahlzeiten an Bord teilgenommen. | Kein Anspruch auf Preisminderung und Schadensersatz. Die Erkrankung von wenigen anderen Passagieren ist kein Beweis dafür, dass die Erkrankung auf mangelnde Hygiene in der Schiffsküche zurückzuführen ist. | AG Ludwigsburg v. 5.2.1998 – 1 C 1598/97, RRa 1998, 114 f. = NJW-RR 1999, 710 f. |

| Problem | Sachverhalt | Anspruch | Fundstelle |
|---------|-------------|----------|------------|
| Magen-Darm-Erkrankung II (mangelnde Hygiene) | Aufgrund mangelnder hygienischer Verhältnisse an Bord, insb. bei der Reinigung von Geschirr und Gläsern, erkrankt eine hohe Anzahl von Passagieren. | Preisminderung und Schmerzensgeld. | AG Solingen v. 1.9.2010 – 14 C 143/09 |
| Norovirus I | Ein Passagier erkrankt an Bord am Norovirus. 22 % der weiteren Passagiere erkranken ebenfalls. | Anspruch auf Reisepreisminderung und Schmerzensgeld gegen den Reiseveranstalter. Aufgrund der hohen Anzahl an erkrankten Passagieren besteht der Anscheinsbeweis dafür, dass die Erkrankung auf kontaminierte Speisen und Getränke oder mangelnde Hygiene zurückzuführen ist. | LG Frankfurt/M. v. 8.8.2011 – 2/24 O 126/10, RRa 2012, 51 |

| Problem | Sachverhalt | Anspruch | Fundstelle |
|---|---|---|---|
| Norovirus II | Ein Passagier erkrankt an Bord am Norovirus. 17,5 % der weiteren Passagiere erkranken ebenfalls. | Reisemangel gegeben. Es liegt ein Anscheinsbeweis dafür vor, dass die Ursache der Erkrankung aus der Sphäre des Leistungsträgers des Reiseveranstalters stammt, da eine große Anzahl weiterer Passagiere betroffen ist. Bei 17,5 % der Passagiere ist von einer Vielzahl an erkrankten Reisenden auszugehen. Eine Preisminderung ist gerechtfertigt, der Anspruch auf Entschädigung für nutzlos aufgewendete Urlaubszeit bemisst sich nach der Höhe der Minderung. | LG Frankfurt/M. v. 16.5.2014 – 2/24 O 280/12 |
| Salmonellen I | Ein Passagier erkrankt nachweislich an Bord des Kreuzfahrtschiffes an Salmonellose. | 100 % Preisminderung des anteiligen Reisepreises für die Zeit der Erkrankung. Zudem Schadensersatz, wenn dem Reiseveranstalter ein Verschulden vorzuwerfen ist. | LG Darmstadt v. 13.1.1995 – 3 O 442/92, RRa 1995, 123 ff. |

| Problem | Sachverhalt | Anspruch | Fundstelle |
|---|---|---|---|
| Salmonellen II | Ein Passagier erleidet während seiner Reise eine Salmonellenvergiftung. Von den 968 Personen an Bord erkranken ca. 20 weitere Passagiere. | Kein Schmerzensgeldanspruch des Urlaubers, da aufgrund der wenigen betroffenen Personen ein Nachweis für die Verursachung der Erkrankung an Bord nicht geführt werden kann. | AG Offenbach v. 8.9.2005 – 390 C 108/05, RRa 2006, 81 f. |

## g) Unfälle an Bord

| Problem | Sachverhalt | Anspruch | Fundstelle |
|---|---|---|---|
| Ausrutschen an Deck | Ein Passagier rutscht im Bereich vom Außendeck zum inneren Treppenhaus auf Fliesen aus und bricht sich das Handgelenk. Zum Zeitpunkt des Unfalles war das Außendeck nass. Durch ein Warnschild wurde auf mögliche Nässe hingewiesen. | Keine Ansprüche gegen den Reiseveranstalter. Der Sturz gehört zum allgemeinen Lebensrisiko, da zu erkennen war, dass vom Außendeck durch andere Passagiere Nässe in den Innenbereich hereingebracht wurde. Der Reiseveranstalter hat keine Verkehrssicherungspflicht verletzt. Auf die Gefahrenstelle wurde hingewiesen. | AG Offenbach v. 27.5.2008 – 36 C 477/07, RRa 2008, 233 f. |
| Schock | Ein Passagier stirbt an einem Stromschlag an Bord, da ein Kabel nicht isoliert ist. Ein anderer Passagier wird Zeuge und erleidet einen Schock. Der Reiseveranstalter hat eine Verkehrssicherungspflicht verletzt. Der schockierte Passagier verlangt eine Preisminderung. | 100 % Minderung des anteiligen Tagesreisepreises für den Unfalltag und 4 direkt beeinträchtigte Folgetage. Für 2 weitere Tage 50 % Preisminderung. | LG Hannover v. 9.4.2002 – 18 S 704/01-45, RRa 2004, 109 f. |

| Problem | Sachverhalt | Anspruch | Fundstelle |
|---|---|---|---|
| Einstürzende Landungs- brücke | Ein Passagier ver- letzt sich, weil eine Ladungsbrücke einstürzt. Folge: Knieprellung und Platzwunde. | 25 % Preisminde- rung des Tages- reisepreises ab dem Unfalltag. Schmer- zensgeldanspruch nur, wenn dem Reiseveranstalter die Verletzung einer Verkehrssicherungs- pflicht nachgewie- sen werden kann. | LG München I v. 18.7.2002 – 31 S 21495/01, RRa 2002, 262 f. |
| Ausrutschen auf Treppe | Ein Passagier rutscht auf einer kurz zuvor ge- wischten, d.h. noch feuchten, Marmortreppe aus. Ein Warn- schild wurde nicht aufgestellt. Der Passagier verletzt sich und erleidet eine Außenknö- chelfraktur. | Anspruch auf Preis- minderung und Schadensersatz. Der Reiseveranstalter muss sich das Fehl- verhalten, d.h. die Verkehrssicherungs- pflichtverletzung seiner Erfüllungs- gehilfen, zurechnen lassen. U.a. hat der Urlauber Anspruch auf ein Schmerzens- geld in Höhe von 4.000,00 €. | OLG Koblenz v. 16.12.2009 – 2 U 904/09, MDR 2010, 630 (Be- schluss) |
| Ausrutschen auf Holzboden | Ein Passagier rutscht auf einem gewischten Holz- boden an Deck aus. Ein Warn- schild wurde nicht aufgestellt. | Anspruch auf Preisminderung und Schadenser- satz. Der Reiseve- anstalter muss sich das Fehlverhalten, d.h. die Verkehrs- sicherungspflicht- verletzung seiner Erfüllungsgehilfen, zurechnen lassen. | LG Frankfurt/M. v. 8.8.2011 – 2/24 O 126/10, RRa 2012, 51 |

| Problem | Sachverhalt | Anspruch | Fundstelle |
|---|---|---|---|
| Ausrutschen auf Edelstahlrost | Ein Passagier rutscht an Deck in einer Toilettenanlage aus und verletzt sich. Der Fußboden bestand aus einem rutschigen Edelstahlrost. | Anspruch auf Preisminderung und Schadensersatz für nutzlos aufgewendete Urlaubszeit und Schmerzensgeld. Aufgrund des Bodenbelags war ein gefahrloses Betreten der Toilette nicht möglich. Der Reiseveranstalter hat eine Verkehrssicherungspflicht verletzt. | LG Frankfurt/M. v. 8.11.2013 – 2/24 O 33/13; bestätigt durch OLG Frankfurt v. 24.4.2014 – 16 U 226/13 |
| Glassplitter an Deck | Ein Passagier rutscht beim Verlassen eines Whirlpools an Deck aus. Er verletzt sich an Glasscherben, die im unmittelbaren Bereich des Pools auf dem Boden liegen. | Es liegt ein Reisemangel vor, der zur Minderung des Reisepreises und zum Schadensersatz berechtigt, da der Veranstalter gerade an dieser Stelle, die vom Passagier unbeschuht betreten wird, eine erhöhte Sorgfaltspflicht hat. | OLG Rostock v. 11.2.2011 – 5 U 40/10, TranspR 2011, 189 ff. |

| Problem | Sachverhalt | Anspruch | Fundstelle |
|---|---|---|---|
| Verletzung durch Steward | Ein Passagier wird im Restaurant an der Nase verletzt (Risswunde am Nasenrücken), da ein Steward ihn versehentlich mit einem Tablett trifft. | Der Passagier hat Anspruch auf Schmerzensgeld. Die Risswunde, die mit einem Pflaster fixiert wurde, rechtfertigt ein Schmerzensgeld von 300 €. Ein zusätzlicher Anspruch auf Schadenersatz wegen entgangener Urlaubsfreude besteht nicht, da die Reise nicht erheblich beeinträchtigt wurde. | AG Rostock v. 25.10.2013 – 47 C 135/13, RRa 2014, 101 ff. |

## h) Kriminalität

| Problem | Sachverhalt | Anspruch | Fundstelle |
|---|---|---|---|
| Überfall beim Landgang | Das Kreuzfahrtschiff liegt im Hafen. Ein Passagier geht von Bord und wird an Land überfallen (ausgeraubt). | Keine Ansprüche gegen den Reiseveranstalter, da kein Reisemangel vorliegt. | LG Bremen v. 27.2.2002 – 4 S 432/01, RRa 2002, 165 f. = NJW-RR 2002, 919 f. |

## i) Schiffsordnung

| Problem | Sachverhalt | Anspruch | Fundstelle |
|---|---|---|---|
| Alkoholverbot<br><br>(Verweis von Bord) | Auf einer Kreuzfahrt startet das Schiff im Hafen von Oslo. Ein Passagier bringt Alkohol mit an Bord. Er wird auf ein entsprechendes Verbot hingewiesen. Im nächsten Hafen wird der Passagier von Bord gewiesen, die Reise ist für ihn beendet. | Der Passagier hat Anspruch auf Erstattung des Reisepreises und zudem Anspruch auf Schadensersatz für die Mehrkosten der vorzeitigen Rückreise und wegen entgangener Urlaubsfreude (§ 651f I, II BGB). Ein einfacher Verstoß gegen die Schiffsordnung genügt nicht, um einen Verweis von Bord zu rechtfertigen. | AG Frankfurt/M. v. 25.3.2011 – 385 C 2455/10-70, RRa 2011, 250 ff. |
| Rauchverbot | Auf einem Flusskreuzfahrtschiff, das durch österreichische, ungarische und rumänische Gewässer fährt, ist das Rauchen in sämtlichen Räumen verboten. Im Prospekt wurde darauf nicht hingewiesen. Ein Passagier ist Raucher und verlangt eine Preisminderung. | 10 % Preisminderung. Ein generelles Rauchverbot auf dem Kreuzfahrtschiff ist nicht Vertragsbestandteil geworden. | AG Frankfurt/M. v. 21.9.2011 – 29 C 1018/11-19, DAR 2011, 642 = RRa 2012, 158 |

## 8. Während der Kreuzfahrt – außerhalb des Schiffes

### a) Wetter

| Problem | Sachverhalt | Anspruch | Fundstelle |
| --- | --- | --- | --- |
| Schlechtes Wetter | Die Route einer Kreuzfahrt wird geändert. Der Reiseveranstalter begründet die Änderung mit einem schlechten Wetterbericht für die Zielregion. | Dem Passagier steht auch bei einer Routenänderung wegen höherer Gewalt ein Minderungsanspruch zu, wenn vereinbarte Reiseziele ausfallen. | AG München v. 26.3.2015 – 275 C 27977/14; bestätigt durch LG München I v. 15.6.2015 – 13 S 6570/15 |

## b) Reiseroute

| Problem | Sachverhalt | Anspruch | Fundstelle |
|---|---|---|---|
| Änderungs- vorbehalt<br><br>– Route – | Ein Reiseveran- stalter hat sich in seinen Allgemeinen Geschäftsbedin- gungen (AGB) das Recht vorbehalten, eine Route zu ändern. | Wird eine Route auf einer Kreuz- fahrt geändert und ein Hafen nicht angelaufen, steht dem Passagier auch ein Minde- rungsanspruch zu, wenn der Reisever- anstalter ein Recht zur Änderung in seinen AGB aufge- nommen hat. | AG Rostock v. 29.11.2013 – 47 C 238/13, RRa 2014, 157 ff. |
| Routen- änderung wegen politischer Unruhen | Die Route ei- ner Kreuzfahrt (Schwarzes Meer) wird wegen Kriegszuständen in der Ukraine geändert. Vertrag- lich vereinbarte Ziele fallen aus. | Der Passagier hat ein Recht auf eine Preisminderung. Fälle der höheren Gewalt beeinträch- tigen die Einstands- pflicht des Reise- veranstalters nicht. | AG München v. 26.3.2015 – 275 C 27977/14; bestätigt durch LG München I v. 15.6.2015 – 13 S 6570/15 |
| Routen- änderung wegen schlechten Wetters | Die Route einer Kreuzfahrt wird wegen schlechten Wetters geändert. Vertraglich ver- einbarte Ziele fallen aus. | Der Passagier hat ein Recht auf eine Preisminderung. Fälle der höheren Gewalt beeinträch- tigen die Einstands- pflicht des Reise- veranstalters nicht. | AG München v. 26.3.2015 – 275 C 27977/14; bestätigt durch LG München I v. 15.6.2015 – 13 S 6570/15; LG Bonn v. 13.3.2009 – 10 O 17/09, RRa 2010, 39 ff. |

| Problem | Sachverhalt | Anspruch | Fundstelle |
|---|---|---|---|
| Ausfall eines Ausfluges | Im Rahmen einer Kreuzfahrt fällt ein beworbener Ausflug auf einem Fluss (Gambia-River) aus, da es zuvor zu einem Schaden am Kreuzfahrtschiff kam und dieser zunächst in einem Hafen behoben werden muss. Aus Zeitgründen muss der Ausflug ausfallen. | 60 % Preisminderung des anteiligen Tagesreisepreises. Der Ausfall einer besonderen Attraktion einer Reise ist höher zu bewerten als der Ausfall eines normalen Landausfluges. Zusätzlich erhält der Passagier für diesen beeinträchtigten Tag eine Entschädigung wegen entgangener Urlaubsfreude nach § 651f II BGB. | AG Bremen v. 2.7.2002 – 25 C 121/02 |
| Kein Packeis | Im Reisekatalog wird versprochen, dass die Route der Kreuzfahrt durch Packeis führt. Aufgrund der Außentemperaturen gibt es keine Eisschollen. | 10 % Minderung des Reisepreises. | Hans. OLG Hamburg v. 14.8.2008 – 9 U 92/08, RRa 2009, 17 f. |

| Problem | Sachverhalt | Anspruch | Fundstelle |
|---|---|---|---|
| Hafen einer Großstadt nicht direkt angelaufen | Auf einer achttägigen Kreuzfahrt auf der Ostsee wird der zugesagte Hafen von Stockholm nicht angelaufen. Das Schiff legt 60 km entfernt an, die Passagiere werden per Bustransfer in die Stadt gebracht. | 25 % Minderung des Reisepreises. | AG München v. 1.4.2009 – 262 C 1373/09, RRa 2009, 177 f. |
| Ausfall eines Hafens I (mit Ersatzhafen) | Ein zugesagter Hafen im Mittelmeer wird nicht angelaufen, es erfolgt das Anlaufen eines Ersatzhafens. | 30 % Preisminderung des anteiligen Tagesreisepreises. | AG Rostock v. 9.3.2011 – 47 C 400/10, NJW-RR 2011, 1360 f. = RRa 2011, 148 f. |
| Ausfall eines Hafens II (mit Ersatzhafen) | Ein zugesagter Hafen (Falklandinseln) wird nicht angelaufen, es erfolgt das Anlaufen eines Ersatzhafens (Punta del Este/ Uruguay). | 50 % Preisminderung des anteiligen Tagesreisepreises. | AG Rostock v. 29.11.2013 – 47 C 238/13, RRa 2014, 157 f. |
| Ausfall eines Hafens III (mit Ersatzhafen) | Auf einer Flusskreuzfahrt wird ein Hafen (Basel) nicht angelaufen, sondern ein Ersatzhafen (Breisach). | 50 % Preisminderung des anteiligen Tagesreisepreises. | AG Rostock v. 25.10.2013 – 47 C 52/13, RRa 2014, 103 |

| Problem | Sachverhalt | Anspruch | Fundstelle |
| --- | --- | --- | --- |
| Ausfall eines Hafens IV (mit Ersatzhafen) | Ein zugesagter Hafen in Ägypten wird wegen Unruhen im Land nicht angelaufen, es erfolgt das Anlaufen eines Ersatzhafens in Israel. | 60 % Preisminderung des anteiligen Tagesreisepreises. | AG Rostock v. 15.11.2013 – 47 C 243/13, RRa 2014, 99 ff. |
| Ausfall eines Hafens V (ohne Ersatzhafen) | Ein zugesagter Hafen im Mittelmeer wird nicht angelaufen. Eine Alternative wird nicht angeboten. | 50 % Preisminderung des anteiligen Tagesreisepreises. | AG Rostock v. 9.3.2011 – 47 C 400/10, NJW-RR 2011, 1360 f. = RRa 2011, 148 f.; LG Bonn v. 26.8.2008 – 8 S 24/08, RRa 2008, 275 f. |
| Ausfall eines Hafens VI | Auf einer 14-tägigen Nordeuropakreuzfahrt wird entgegen der vertraglichen Zusage der Hafen von Reykjavík nicht angelaufen, in dem das Schiff 2 Tage liegen sollte. | 50 % Minderung des anteiligen Tagesreisepreises für den Ankunftstag, 40 % Minderung des anteiligen Tagesreisepreises für den 2. Tag. | AG Rostock v. 16.3.2012 – 47 C 381/11, RRa 2012, 140 ff. |
| Ausfall von 3 Häfen I | Wegen drohender Piratenangriffe können 3 von 8 zugesagten Häfen nicht angelaufen werden. | 25 % Minderung des Reisepreises. | AG München v. 14.1.2010 – 281 C 31292/09, RRa 2010, 186 f. |

| Problem | Sachverhalt | Anspruch | Fundstelle |
|---|---|---|---|
| Ausfall von 3 Häfen II | Aufgrund von Reparaturarbeiten am Schiff läuft das Schiff 2 ½ Tage später aus. 3 von 10 Häfen werden wegen der Verzögerung nicht angelaufen. | 80 % Minderung des anteiligen Reisepreises für 3 Tage. | AG Erkelenz v. 27.1.2003 – 14 C 464/03, RRa 2004, 71 f. |
| Ausfall von 3 Häfen III | Auf einer Mittelmeerkreuzfahrt werden 3 von 8 zugesagten Häfen nicht angelaufen. | 1/3 Minderung des Reisepreises. | BGH v. 26.6.1980 – VII ZR 257/79, MDR 1980, 927 f. = NJW 1980, 2189 f. |
| Highlight einer Reise fällt weg I | Wegen Fehlens eines Eisbrechers kann das Kreuzfahrtschiff die zugesagte Route nicht einhalten und Grönland nicht umrunden. | 30 % Minderung des Reisepreises. | LG Frankfurt/M. v. 2.5.1995 – 2/14 O 414/94, NJW-RR 1995, 882 f. = RRa 1995, 169 ff. |
| Highlight einer Reise fällt weg II | Die Durchfahrt der legendären Nordwest-Passage wird wegen Packeis gestrichen. | 30 % Minderung des Reisepreises. | LG Hamburg v. 3.7.2007 – 310 O 26/07, RRa 2008, 277 f. |
| Ausfall mehrerer Programmpunkte I | Aufgrund einer Beschädigung am Schiff durch schwere See kommt es wegen notwendiger Reparaturen zu Verzögerungen beim Reiseablauf, zahlreiche Reiseziele werden nicht angelaufen. | 2/3 Minderung des Reisepreises. Kein Schadensersatz wegen entgangener Urlaubsfreude, da den Reiseveranstalter kein Verschulden trifft. | LG Bonn v. 13.3.2009 – 10 O 17/09, RRa 2010, 39 ff. |

| Problem | Sachverhalt | Anspruch | Fundstelle |
|---|---|---|---|
| Ausfall mehrerer Programmpunkte II (Routenänderung) | Die Route wird geändert. Statt im Schwarzen Meer zu kreuzen, wird das östliche Mittelmeer befahren. Der Reiseveranstalter beruft sich auf höhere Gewalt. | 30 % Reisepreisminderung sind gerechtfertigt, auch wenn die Routenänderung auf höherer Gewalt beruht. | AG München v. 26.3.2015 – 275 C 27977/14, bestätigt durch Beschluss des LG München I. v. 15.6.2015 – 13 S 6570/15 |
| Ausfall mehrerer Programmpunkte III | Bei einer Kreuzfahrt kommt es zum Ausfall an besonderen Attraktionen (Vorbeifahrten), Hafeneinfahrten und Landgängen. Zwei Schlauchbootfahrten in der Antarktis finden nicht statt, Ausflüge werden zeitlich gekürzt. | 40 % Preisminderung des anteiligen Reisepreises für jeden betroffenen Tag. | OLG Köln v. 14.7.2008 – 16 U 82/07, MDR 2009, 133 f. = NJW-RR 2008, 1588 ff. = RRa 2008, 222 ff. |
| Ausfall mehrerer Programmpunkte IV | Bei einer achttägigen Kreuzfahrt werden 5 Reisetage geändert. Häfen fallen aus, statt nur an 2 Seetagen muss der Passagier 3 Tage ohne Landgang auskommen. | 40 % Minderung des Reisepreises, kein Schadensersatz wegen nutzlos aufgewendeter Urlaubszeit (§ 651f II BGB). | LG Hamburg v. 28.2.2013, 316 O 375/12; LG Hamburg v. 7.3.2013 – 301 O 81/12 |

| Problem | Sachverhalt | Anspruch | Fundstelle |
|---|---|---|---|
| Ausfall mehrerer Programmpunkte V | Bei einer einwöchigen Segelkreuzfahrt wird die Route erheblich geändert, ohne dass Wettergründe den Ausschlag dafür geben. Die zugesagte Fahrt durch den Persischen Golf findet nicht statt, das entsprechende Beiprogramm an Landgängen fällt aus. Ferner finden an Bord Filmaufnahmen statt, durch die sich der Passagier gestört fühlt. | 50 % Preisminderung, zudem Schadensersatz wegen entgangener Urlaubsfreude (§ 651f II BGB). | OLG Celle v. 26.9.2002 – 11 U 337/01, NJW-RR 2003, 200 f. = RRa 2003, 12 f. = TranspR, 2003, 353 ff. |
| Ausfall mehrerer Programmpunkte VI | Auf einer Kreuzfahrt durch arktisches Gewässer fallen 4 Anlandungen (an 4 Tagen) aus, da das Schiff wetterbedingt die Route ändern muss. | 50 % Minderung des anteiligen Reisepreises für 4 Tage. | AG Frankfurt/M. v. 30.7.2015 – 31 C 511/15-83 |

## c) Landgänge

| Problem | Sachverhalt | Anspruch | Fundstelle |
|---|---|---|---|
| Landgang fällt aus | Ein besonders beworbener Tagesausflug fällt aus (Besuch der Hauptinsel der Galapagosinseln). | 100 % Preisminderung des anteiligen Tagesreisepreises. | LG Hamburg v. 27.11.1997 – 302 S 78/97, NJW-RR 1998, 708 f. = RRa 1998, 76 ff. |
| Landgang verkürzt I | Die Liegezeit im Hafen wird so reduziert (von 15 auf 6,5 Stunden), dass die Zeit für einen Landgang auf Island stark verkürzt ist. | 40 % Minderung des anteiligen Tagesreisepreises. | LG Bonn v. 26.8.2008 – 8 S 24/08, RRa 2008, 275 f. |
| Landgang verkürzt II | Das Kreuzfahrtschiff legt 7 Stunden später an, dadurch verkürzen sich Besichtigungstouren. | 50 % Minderung des anteiligen Tagesreisepreises. | LG Frankfurt/M. v. 10.7.1997 – 2/24 S 374/96, RRa 1997, 218 f. |
| Landgang verkürzt III | Das Kreuzfahrtschiff legt einen Tag verspätet an, dadurch fällt das Besichtigungsprogramm eines Tages aus. | 100 % Minderung des anteiligen Tagesreisepreises. | LG Frankfurt/M. v. 10.7.1997 – 2/24 S 374/96, RRa 1997, 218 f. |
| Landgang verschoben | Der Landgang beginnt statt um 18.00 Uhr erst um 19.30 Uhr, wodurch dem Urlauber ein erheblicher Teil des Aufenthaltes bei Tageslicht verloren geht. | 30 % Minderung des anteiligen Tagesreisepreises. | LG Bonn v. 26.08.2008 – 8 S 24/08, RRa 2008, 275 f. |

## 9. Ende der Kreuzfahrt

| Problem | Sachverhalt | Anspruch | Fundstelle |
|---|---|---|---|
| Serviceentgelt (Trinkgeld) | Der Passagier soll am Ende der Kreuzfahrt ein sog.»Serviceentgelt« bezahlen, das dem Bordkonto belastet wird. Der Reiseveranstalter verlangt das zusätzliche Geld, da er bei der Preisangabe der Kreuzfahrt mit einem Sternchenhinweis beim Reisepreis auf ein zusätzliches Serviceentgelt pro Tag und Passagier hingewiesen hat. | Ein Serviceentgelt (bzw. Trinkgeld) ist eine freiwillige Leistung. Der Sternchenhinweis verstößt gegen die Preisangabenverordnung. Der Passagier muss das zusätzliche »Serviceentgelt« nicht bezahlen. | Vgl. BGH v. 7.5.2015 – I ZR 158/14 |
| Verkürzte Reise I | Eine Nilkreuzfahrt wird u.a. wegen Niedrigwasser verkürzt (7 statt 10 Tage). | Preisminderung in Höhe von 10 %. | AG Stuttgart v. 9.8.1994 – 11 C 5918/93, RRa 1995, 9 f. |
| Verkürzte Reise II | Eine Nilkreuzfahrt wird um 1 ½ Tage verkürzt. | 80 % Preisminderung des anteiligen Reisepreises für 2 Tage. | AG Hamburg-Altona v. 13.2.2002 – 319 C 132/01, RRa 2002, 126 f. |

## 10. Schäden am Schiff

| Problem | Sachverhalt | Anspruch | Fundstelle |
|---|---|---|---|
| Wassereinbruch | Bei einer Kreuzfahrt auf einem Segelschiff kommt es zu einem Wassereinbruch, und die Kojen sind dauerhaft nass. | Die Kündigung des Reisevertrages wegen Mängeln (§ 651e I BGB) ist berechtigt. | OLG Düsseldorf v. 17.11.1994 – 18 U 76/94, NJW-RR 1995, 314 = VersR 1995, 927 |
| Schäden durch schwere See | Ein Kreuzfahrtschiff muss wegen Schäden durch schwere See repariert werden. Durch die Reparaturzeit kommt es zu einer Routenänderung und zum Ausfall von Landgängen. | Preisminderung möglich. Kein Schadensersatzanspruch wegen entgangener Urlaubsfreude, da die Schäden am Schiff auf höhere Gewalt zurückzuführen sind. | LG Bonn v. 13.3.2009 – 10 O 17/09, RRa 2010, 39 ff. |
| Brand an Bord I | Auf einer Kreuzfahrt kommt es zum Brand des Schiffes, und es sinkt. Ein Reisender verlangt anschließend den Ersatz von Wertsachen, die er im Schiffssafe hatte. | Der Reisende muss beweisen, welche Wertgegenstände im Safe aufbewahrt wurden. Kann er den Beweis nicht führen, muss der Reiseveranstalter keinen Ersatz leisten. | LG München I v. 22.11.1995 – 25 O 11073/95, RRa 1996, 79 ff. |

| Problem | Sachverhalt | Anspruch | Fundstelle |
|---|---|---|---|
| Brand an Bord II | Während einer Kreuzfahrt kommt es zu einem Brand im Maschinenraum. Der Brand wird gelöscht. Das Schiff muss zur Reparatur in einen Hafen. Es kommt zur Änderung des vertraglich vereinbarten Programms. | $^2/_3$ Preisminderung für den anteiligen Tagespreis für den Tag des Brandes und zusätzlich für diesen Tag Schadensersatz wegen entgangener Urlaubsfreude gem. § 651f II BGB. 40 % Preisminderung des anteiligen Tagesreisepreises für die betroffenen Folgetage. | AG Bremen v. 2.7.2002 – 25 C 121/02 |
| Brand an Bord III | Auf einer Nilkreuzfahrt bricht im Zusammenhang mit dem Betrieb des Kreuzfahrtschiffes ein Brand an Bord aus. Der Reisekunde kann das Schiff unverletzt verlassen. Das Reisegepäck verbrennt, die Reise wird abgebrochen, und der Reiseveranstalter schickt den Urlauber vorzeitig nach Hause. | Es liegt ein Reisemangel vor. Da kein Fall der höheren Gewalt vorliegt, kann der Urlauber Minderung des Reisepreises, Schadensersatz für sein Gepäck (§ 651f I BGB) und Schadensersatz wegen entgangener Urlaubsfreude (§ 651f II BGB) verlangen. | BGH v. 12.3.1987 – VII ZR 172/86, MDR 1987, 662 = DAR 1987, 290 = NJW 1987, 1938 f. = TranspR 1987, 301 f. |

| Problem | Sachverhalt | Anspruch | Fundstelle |
|---------|-------------|----------|------------|
| Havarie | Die Kreuzfahrt endet vorzeitig durch Schiffsbruch. | Kündigung des Reisevertrages nach § 651e I BGB. Zudem Schadensersatz nach § 651f I, II BGB, wenn ein Verschulden des Reiseveranstalters vorliegt. | Vgl. OLG Frankfurt/M. v. 15.12.1995 – 10 U 127/94, RRa 1996, 84 ff. |

# STICHWORT-VERZEICHNIS

# Stichwortverzeichnis